普 天 之 下 · 盡 是 好 書

普天出版家族
Popular Press Family

凌雲文創
A-Plus Creative Company

傳說中，一夜之間從地圖上神秘消失的夢幻文明亞特蘭提斯究竟存不
傳說遠在一萬多年前，亞特蘭提斯帝國就已經發展出輝煌
有著先進的雷射技術，也製造出飛機、軍艦等高科技戰爭
後來，亞特蘭提斯因為「背棄上帝的眷顧」，天神震怒之餘，動用氣象
以地震和水災，讓它陸沉到
它的高度文明也在人類的記憶中消
The Lo
Empi
神秘消失的夢幻帝
亞特蘭提斯
謎樣帝國
ATLANTIS

【出版序】

神秘消失的天堂樂園

亞特蘭提斯是人類失落已久的天堂樂園，也一直被視為這一代人類文明的源頭。但是，傳說中這個神秘的文明帝國為何毀滅，又究竟沉沒在哪個海域呢？

曾經有科學家提出了「地球文明週期進化論」，認爲地球誕生至今的四十五億年歷史中，地球上的生物歷經過了五次大滅絕。而且，在這五次生物大滅絕之前，地球上的人類科學技術都已經達到巔峰狀態，創造出金碧輝煌的超高度文明。

科學家說，這些超高度文明都不是現今人類所能想像的，億萬年來地球經歷了無數次滄海桑田，因此，他們留下的文明痕跡，成了現代人類百思不解的謎題。

但是，是什麼樣的因素造成前幾代的地球人消失呢？

科學家指出，他們可能在權力或其他慾望驅策下，不幸毀滅於彼此發動的世界性戰爭，或是突然遭遇宇宙天體或外星生物的攻擊，也有可能是因爲地球本身發生劇烈災變，導致他們在生物大滅絕無法倖免於難。

越來越多出土文物證明這種說法，在我們生活的這個地球上，曾經存在過比我們這一代人類更先進的古文明，例如，人類探索了兩千多年的神秘消失的帝國亞特蘭提斯，就是其中之一。

古希臘偉大哲學家柏拉圖曾經在他的著作《對話錄》多次提到關於神秘消失的亞特蘭提斯文明，從此，亞特蘭提斯之謎讓世人整整猜了兩千五百多年，直到今天都沒能找到圓滿而合理的解答。

傳說遠在一萬多年前，在地中海西方遙遠的大西洋上，有一個強盛富庶的亞特蘭提斯帝國，有著令人驚異的超高度文明。在那裡，陸地上出產無數的黃金與白銀，所有宮殿都由黃金牆根及白銀牆壁的圍牆圍繞，宮內

牆壁也鑲滿黃金，堪稱金碧輝煌。

而且，亞特蘭提斯帝國就已經發展出超越現代人類的輝煌文明，不但懂得使用太陽能，利用化學方法生產金銀，有著先進的鐳射技術，也製造出飛機、軍艦……等高科技戰爭武器。

可是，由於太過強盛富庶，亞特蘭提斯人開始墮落腐化了，統治階級權慾薰心，試圖以武力將版圖擴張到全世界，平民百姓則貪財愛富、窮奢極侈，彼此相互勾鬥不休。

這種「背棄上帝眷顧」的行徑，導致天神震怒之餘，動用「氣象武器」，以強烈的地震和水災，讓這個「罪惡之島」一夜之間陸沉到海底，它的高度文明也在人類的記憶中消失……

根據柏拉圖的說法加以推算，亞特蘭提斯王國沉沒的時間，距今已經將近一萬二千年。柏拉圖曾經多次強調說，亞特蘭提斯帝國的故事絕非是他自己的虛構。據說，爲了查證此事，他還曾經親自前去埃及請教當時頗具聲望的神官。

曾有研究學者指出，亞特蘭提斯無疑是柏拉圖嚮往的人間天堂，他的曠世鉅著《理想國》就是以亞特蘭提斯爲雛型。

亞特蘭提斯非但是人類失落已久的天堂樂園，也一直被視爲這一代人類文明的源頭。

有學者認爲，是倖免於難亞特蘭提斯遺族推動農業，使人類從漁牧時代進入農業時代，孕育了蘇美、埃及、印度、中國……等古文明。

有學者主張，是亞特蘭提斯人創造了中南美三大文明；也有人主張，亞特蘭提斯人就是美洲原住民的祖先……

但是，傳說中這個神秘的文明帝國爲何毀滅，又究竟沉沒在哪個海域呢？至今人類仍沒有找到確切證據。

自從亞特蘭提斯的故事流傳之後，科學家、探險家與考古學者就不斷在世界各地苦苦覓尋柏拉圖嚮往的這座理想島。此外，自十七世紀末美國學者多尼爾發表《絕跡的世界》至今，根據非正式統計，就亞特蘭提斯沉沒位置發表看法的書籍不下數千種，根據亞特蘭提斯傳說改編的小說、影

集、動畫……，更是不計其數。

亞特蘭提斯不斷散發著神秘的能量，從大西洋海域到太平洋海域，從美洲到歐洲、非洲，乃至到亞洲的印度與中國，都有疑似亞特蘭提斯的遺跡被提出，然而，種種假設都缺乏學理上的佐證。

甚至還有學者以「地殼移動理論」解釋亞特蘭提斯消失的原因，並且主張亞特蘭提斯其實並未沉沒，而是被冰封在北極或是南極。

究竟傳說中的亞特蘭提斯的正確位置在哪裡，至今仍是無法解開的謎，這個困擾人類已久的謎題，或許必須仰賴二十一世紀更高超的科學技術才能真相大白吧！

一旦解開了這個亙古之謎，許許多多人類文明發展史上的斷層，或許就能獲得填補。

誠如筆者一再強調的：把間接獲得的知識，一個片斷一個片斷地串連起來，就是我們人類過去的歷史。挖掘古代文物、考證典籍壁畫，探索古代神話和傳說中的其他事物，都是用來銜接人類的歷史的每一個片斷。因爲，在人類的歷史出現許多斷層，人類所居住的這個地球上，也存在著太多未解之謎。

時代一直在變動，人類的智慧不斷在增長，對地球與宇宙文明的認知也一直在修正當中，隨著嶄新世紀的到來，我們有必要以更寬闊的思維和更廣闊的視野，來看待至今仍然讓我們感到陌生的地球文明，乃至浩瀚無垠的宇宙。

本書《亞特蘭提斯：神秘消失的夢幻帝國》的出版用意即是在此。

CONTENTS

第2輯 亞特蘭提斯是統治世界的殖民政權？

如果是亞特蘭提斯是個龐大的殖民政權的話，那麼它至少比蘇美文明更古老兩倍，而且遺物不可能耐得過將近一萬二千年的風化作用。

CONTENTS

第4輯 亞特蘭提斯人是美洲原住民的祖先

葛瑪拉根據柏拉圖留下的記錄，認為阿斯特蘭與亞特蘭提斯是同一個地方。歷史學家佩特羅．撒爾米安特也根據南美的神話解釋，做出相同的結論。

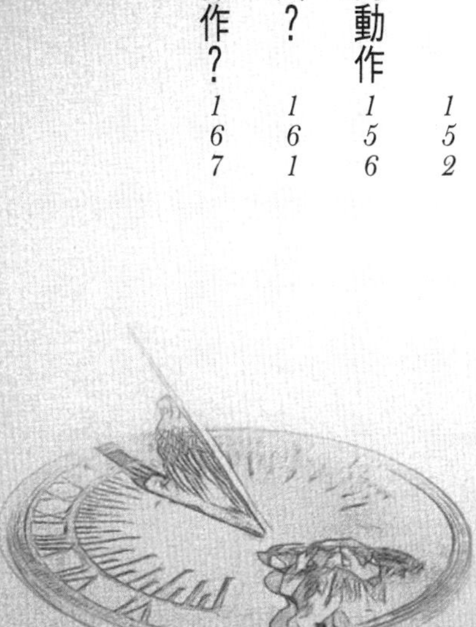

CONTENTS

第6輯 尋找亞特蘭提斯古文明

根據西藏的藏經記載，公元前九五六四年時，在今天的巴哈馬群島、加勒比海以及墨西哥灣，有一大片陸地可能沈入了大西洋。

CONTENTS

第7輯 姆大陸就是亞特蘭提斯？

世界中的巨石遺跡全都可以認為受到姆帝國影響，同時也可以認為是亞特蘭提斯帝國的產物，姆大陸與亞特蘭提斯大陸，其實是同一個大陸？

PART 1.

亞特蘭提斯
散發著神秘能量

科學家接連發現過轟動全世界的奇蹟，

有人便推測，

這會不會是亞特蘭提斯

在深海底下依然在散發著神秘能量……

一夜間消失的亞特蘭提斯

我們多半認為文化是靠技術、知識的累積而漸漸進化的，但高度文明突然發生又突然消滅的情況，果真從未發生過嗎？

據說，距今一萬二千年前，擁有高度文明的亞特蘭提斯大陸於「悲慘的一晝夜」間沉沒於海中。

亞特蘭提斯島位在「海力克斯之柱」（直布羅陀海峽）的外側，亦即所謂「真正之海」的大西洋中心左右，島嶼面積則比北非和小亞細亞合起來還更寬廣。至於其強大的統治權力則並不僅限於周邊的大西洋諸島，而是遠達歐洲、非洲及美洲（真正的大陸）。

亞特蘭提斯島海岸邊的地形十分險峻，但中央部分卻有寬闊肥沃的平原，且在距外海九公里處還有首都波賽頓。

這座城市十分富裕繁華，其市中心有王宮和奉祀守護神波賽頓的壯麗神殿，另外，在波賽頓四周還建有雙層的環狀陸地和三層的環狀運河，最外側的運河寬五百公尺，可通行大型船隻，這些運河都以寬一百公尺的水路和外海相接。

神殿是以黃金、銀、象牙或以名爲「歐里哈爾肯」的金屬裝飾，充分表露出這座島嶼的富庶。島嶼上所有建築物都以當地開鑿出的白、黑、紅色石頭建造，既美麗又壯觀，十分吸引來往人潮的目光。在兩處環狀的陸地上有冷泉和溫泉，居民終年可享受水浴和溫浴。除此之外，還有造船廠、賽馬場、兵舍、體育館和公園等等。

在環狀都市的外側上則有寬廣的平原，歷代的居民們曾辛勤地加以開墾。平原的四周爲深三十公尺、寬一百八十公尺、全長達一千八百公里的溝渠所環繞，內側的運河則以每十八公里爲間隔，縱橫交錯地流經廣大的

平原，就好像是棋盤上的格子一樣整齊方正。人們就用此水種植穀物和蔬菜，並用運河將產品搬運到市場。

在水路和海相接之處有三座港口。港口附近一帶密集地住著許多居民，並有從世界各地前來的船隻和商人，絡繹不絕地往返在這三座巨大的港口間，所以港口一帶因此而晝夜喧嘩不已。

島嶼中心的平原被分割成九萬個地區，每個地區設有一位指揮官。這位指揮官擔負著調度戰車一輛、馬二匹、騎兵二名、輕戰車一台、步兵和駕駛者各一名的義務，除此之外，還能調度十二名戰鬥員和四名水兵。所以，若將這些兵力加以總合，那麼亞特蘭提斯就擁有能隨時動員一百二十萬名兵力的強大戰鬥力了。

但是，在距今一萬二千年前，由於地球上爆發了恐怖的地震和洪水，這使得富裕、繁華又強大的亞特蘭提斯，在一晝夜間陷沒於海中，從地上消失了。

以上這些描述，就是希臘哲學家柏拉圖在《提瑪友斯》和《克里亞斯》

中所描繪的亞特蘭提斯全貌。這則故事是柏拉圖將希臘賢人之一的索倫從埃及祭司所聽到之事寫成故事而介紹給世人的；而且自柏拉圖寫下這些故事以後，理想之都亞特蘭提斯就成了眾人所嚮往之地。尤其是當哥倫布抵達西印度群島，發現美洲大陸之後，就更加深了柏拉圖所記述之事的可信度。因爲在「真正之海」對面，果真有「真正大陸」的存在，如此一來，亞特蘭提斯也必定是存在於某處的說法令人們深信不疑。

被稱爲「科學的亞特蘭提斯學之父」的美國學者德奈利，曾經在十九世紀提出「亞特蘭提斯學」的十三條綱領，對後世的研究產生了重大的影響：

一、遠古時代大西洋中有大型島嶼，那是大西洋大陸的一部分，稱之為亞特蘭提斯。

二、柏拉圖所記述之亞特蘭提斯故事是真實的。

三、亞特蘭提斯是人類脫離原始生活、形成文明的最初之地。

四、隨著時代的演變，人口逐漸增加，亞特蘭提斯的人民開始移居到

世界各地。

五、宗教及傳說中的「伊甸園」，就是指亞特蘭提斯。

六、古代希臘及北歐的神祇，是由亞特蘭提斯的國王、女王及英雄被神格化所產生的。

七、在埃及和秘魯的神話中，有亞特蘭提斯崇拜太陽神的遺跡。

八、亞特蘭提斯人最古老的殖民地恐怕是埃及。

九、歐洲的青銅器技術是源自於亞特蘭提斯。

十、歐洲字母的原形是傳自於亞特蘭提斯。

十一、亞特蘭提斯是塞姆族，那是印度、歐洲諸族的祖先。

十二、亞特蘭提斯因大變動而沉入海中。

十三、亞特蘭提斯沉沒之後，僅有少數居民乘船逃離，因而留下了洪水的傳說。

不過，在十九世紀以後，卻又出現了同是以柏拉圖的記述爲根據，但有別於亞特蘭提斯研究團體的新亞特蘭提斯團體，他們就是想藉由透視或與靈魂談話而找出亞特蘭提斯的一群神學家。

這些神學家中，有位英國神學家史考特．艾利歐德曾說，亞特蘭提斯在一百萬年前就已達到文明的巔峰期，人們不僅有超能力，且能用化學的方法生產金銀，並依生物技術製造出各種不同的穀類和家畜，尤其令人驚異的是他們已會使用飛機，後來甚至還開發出了空中軍艦。若這些敘述屬實，亞特蘭提斯的確稱得上是超文明。

除了史考特．艾利歐德以外，美國的大預言家艾德華．凱西也經由透視法，描繪出亞特蘭提斯的景象。據他所言，亞特蘭提斯的人民已會使用各種合金建造飛機、船舶、潛水艇等交通工具；除此之外，收音機、電視機、電話、電梯等等也已十分普及。

此外，在亞特蘭提斯所有文明中，最引人注目的是亞特蘭提斯的能源系統。雖然能源的來源是太陽，但他們卻擁有用巨大圓筒形玻璃所製成的「火石」來收集陽光，並具有將陽光轉換成能源的機能。他們更用此裝置，將肉眼所看不到的光（鐳射），供給各種不同的交通工具使用，亦即使用遙控操作的方式。

於一九四五年逝世的凱西，預言出亞特蘭提斯人能利用鐳射來轉送能源，但直到近代，科學家們才好不容易發明出這項技術。所以，如果亞特蘭提斯真的具有此項能源系統的話，那麼，亞特蘭提斯就是一個擁有遠超過現在地球技術的高度文明國家了。

自人類誕生於世以來，共有一百多萬年的歷史，這一百萬年間也有了種種的發明與創造，因而促使人類文明得以進步。可是，在回顧人類的進化時，就會發現在許多情形下突然發生的大變化，而這些大變化的原因則至今仍無法解明。我們多半認爲文化是靠技術、知識的累積而漸漸進化的；但在一開始時，果真是如此嗎？高度文明突然發生又突然消滅的情況，果真從未發生過嗎？這答案恐怕就尚待科學家與其他專家們的研究了。

亞特蘭提斯滅亡悲劇

亞特蘭提斯孕育出來的科技結晶，被地殼的變動與瘋狂的海水破壞粉碎，亞特蘭提斯消失了，留給後代人類的只是支離破碎、難以想像的偉大文明傳說。

希臘哲聖柏拉圖在《對話錄》裡所描述的神秘消失的古代超文明帝國亞特蘭提斯，可說是人類失落已久的烏托邦。在世界各民族的神話傳說中，它是「失落的天空」、「消失的樂園」，在科學探索中也一直被視爲這一代人類文明的源頭。

根據柏拉圖的記述，亞特蘭提斯是極度富庶強盛的國家，城牆鍍鑲著金銀，擁有綿密而複雜的運河系統、龐大的貿易網與可觀的軍事力量，富

庶繁華的程度是現今人類無法想像的。

傳說，遠在一萬多年前，亞特蘭提斯帝國就已經發展出超越現代人類的輝煌文明，不但懂得使用太陽能，利用化學方法生產金銀，有著先進的鐳射技術，也製造出飛機、軍艦等高科技戰爭武器。

根據柏拉圖的記述，亞特蘭提斯的文明程度極高，國勢也相當富強，但經過好幾代亞特蘭提斯王統治後，統治階級逐漸腐化，人民也變得貪財好鬥，利慾薰心，於是上下都熱衷於發動征服世界的戰爭，但是，他們在爭戰之時遇到慓悍的雅典士兵頑強抵抗而吃了敗仗。

亞特蘭提斯因爲這種「背棄上帝眷顧」的行爲，導致天神震怒之餘，動用「氣象武器」，以強烈的地震和水災，讓這個「罪惡之島」一夜之間陸沉到海底，它的高度文明也在人類的記憶中消失……

根據自稱自己前世是亞特蘭提斯祭司的英格麗特．伯內特說，亞特蘭提斯毀滅當天的情景是這樣子的：

亞特蘭提斯滅亡的這一天的早晨，與平常一樣，從熱帶的濕地冒出蒸汽，安靜的湖面上有著雲霧繚繞。早晨的微風吹在草原上，發出葉子的摩擦聲。可是，就在這時，震撼大地的轟然巨響劃破寂靜。隨著地盤的劇烈移動，低沈呻吟的聲音，轉變成轟轟巨響。

成千上萬隻鳥，出於躲避危險的本能，從鳥巢裡飛出來，天空中充滿了振翅的聲音。走在草原上的獸群，放棄尋找食物，不斷抬起頭四處張望。牠們在空氣中嗅出危險的氣味，強烈的不安使牠們全身顫抖。可怕的轟轟巨響，塞住牠們的耳朵，大地發出極爲痛苦的呻吟，獸群陷入驚慌中，分散往各個方向跑。牠們拼命想在即將到來的災難中，保護自己的性命。

在天搖地變中，有人驚慌失措地四處逃竄，有人抱膝而坐，內心充滿懼怕，拼命向天神祈禱。可是，天神一點都不打算施捨憐憫，憤怒發狂地以「氣象武器」摧毀這片富庶的大地，打算奪走所有生物的居所，把他們徹底擊潰。

伴隨著強大破壞力的地震，也把地殼的構造扭曲了。在冰冠部分，堆積如山的冰碎了，開始溶解，大量的冰塊不斷注入水位持續上升的海面，

震耳欲聾的轟轟聲，充滿了周圍的空氣。

洶湧翻騰的海水從海中滿了出來，產升的巨大推進力，一點都沒有停止的跡象，開始緩緩的湧向海岸。隨著海面的推進，波浪的速度與力量越來越大，吞沒了搖晃的大地與毫無防備的海岸。

在亞特蘭提斯滅亡的這場悲劇中，地球是主角。隱藏在狂亂的大海後面，在海床的岩石或沙子下面，如發狂的馬一樣，地殼激烈的移動著。

地震破壞了沿著海床的地形，海嘯緊跟而來，狂風驟雨之下，河川到處暴漲。因爲地殼變動引起的洪水、海嘯、暴風雨，隨著無止無盡的海水，襲擊整個地球。

後來，覆蓋著大地的水，開始漸漸退了，狂亂的大地才開始一點點的恢復安定，太陽照著再度恢復寧靜的世界。可是，這時籠罩著整個世界的寧靜，並沒有帶來平靜的空氣。那是一片緩緩摘除生命之芽，產生凍結現象的凶險寂靜；第三個災害，正要襲擊地球的另一面。

終於，冰河時期降臨地球了。

在西伯利亞，用長長的體毛覆蓋住巨大象牙與身體的長毛象，突然滅亡了，曾經孕育出許多生命的這片青翠草原，開始下雪之後，長毛象瞬間被冰封了。西伯利亞從一個可以滿足長毛象旺盛食慾的豐富大地，轉變成荒廢的土地。

被死亡程序侵襲的，不只是西伯利亞的生物，幾乎整個地球都受到波及。例如，位於地球另一面的西南極，雪與冰覆蓋了一切，每經過一個世紀，堆積的雪就更厚，以前那裡居住過人的歷史，全部被冰封了。

亞特蘭提斯人那漫長而充滿智慧的歷史，孕育出來的科技結晶，也被地殼的變動與瘋狂的海水破壞粉碎。海水控制著整個地球，亞特蘭提斯消失了，留給後代人類的只是支離破碎、難以想像的偉大文明傳說，以及大洪水的神話。

埃及神官的亞特蘭提斯傳說

亞特蘭提斯的滅亡，相當符合地球最後一次發生的大規模地殼移動時期，因此，亞特蘭提斯陸沉之說，也許不僅僅只是神話或是柏拉圖捏造的故事。

柏拉圖在他的著作《對話錄》中，曾經兩次提及亞特蘭提斯滅亡傳說，分別記載於「提瑪友斯」（Timaeus）和「克里提亞斯」（Critias）之中。

他在「提瑪友斯」中提及，公元前九五六〇年，一支來自大西洋亞特蘭提斯的軍隊正準備進攻歐洲，甚至企圖攻佔亞洲，亞特蘭提斯是一個強大帝國，擁有睥睨全世界的超高度文明，後來因爲發生嚴重的地震和水災，陸地一夜之間沉入大海之中，整個帝國消失於空氣中。

對話錄中的另一節「克里提亞斯」，則是由柏拉圖的表弟克里提亞斯敘述亞特蘭提斯覆亡的故事。

克里提亞斯是蘇格拉底的門生，曾在對話中三次強調亞特蘭提斯故事的真實性。克里提亞斯說，亞特蘭提斯的故事來自他曾祖父卓彼的口述，而卓彼則是從一位希臘詩人兼政治家索倫（Solon，約六九三～五五九BC）那兒聽來的。

據說，索倫是古希臘七聖人當中最睿智且見識最廣泛的智者，他是在一次出遊埃及時，從埃及神官（祭司）處聽到亞特蘭提斯傳說。

對話錄中的記載大致如下：在地中海西方遙遠的大西洋上，有一個以令人驚異文明自誇的遼闊大陸，名爲亞特蘭提斯。這片大陸之上出產無數的黃金與白銀，所有宮殿都由黃金牆根及白銀牆壁的圍牆所圍繞。宮內牆壁也鑲滿黃金，可說金碧輝煌。在亞特蘭提斯帝國，文明的發展程度令人難以想像，它有設備完善的港埠及船隻，還有能夠載人飛翔的物體。它的勢力不只侷限於歐洲，還遠及非洲大陸，然而在一次大地震之後，它沉落

海底，各種高度文明亦隨之在人們的記憶中消失。

後人都是從柏拉圖的記載，才知道有關亞特蘭提斯和它滅亡的事情。他提到亞特蘭提斯的歷史時強調「這非常奇異，但卻全都是真的。在希臘七智者中，最有知識的索倫，也相信這件事的可信度」。

索倫在雅典面臨重大危機的時代，確立了民主政治，因此而聞名。這個時候的雅典，分爲少數富裕階級與大多數的貧窮階級兩部分。羅馬的傳記作家普爾塔可斯（Plutarchos，約四六～一二〇BC），曾經寫下索倫成爲立法者的來龍去脈：「雅典快發生革命了，要停止恆久存在的不均衡，使市政安定下來的唯一方法，就只能確立平等政治了。在這個時候，雅典通情達理的人，開始注意起索倫了。索倫的地位超然，沒有受到富豪階級或貧窮階級任一方的影響，因此大家請索倫站出來，負責解除不均衡的任務。」

索倫剝奪了貴族階級強大的權力，減輕了讓貧窮階級受苦的債款負擔，成爲確立了雅典民主政治的人物，有人甚至稱他爲民主主義之父。

他以自由的想法與對貧窮者的慈悲心，宣告長久以來存在的不平等體制結束，廢止了奴隸制度，立法禁止因爲借款而剝奪個人自由這種事情。

索倫制定的法律一開始實施，許多人來到他這裡，有的稱讚他，有的中傷他，有的來陳情，另外，許多人來質問他，想要詳細檢驗他的主張。

人們都想詳細知道每一個規則的目的，索倫覺得不能與這些人牽扯過深，但是，他不太願意回答問題，也引來反感。他非常希望脫離這些煩擾，因而決心退開。

他變成商船的船主，以航海爲理由，離開雅典十年；他希望在這段期間，雅典人會開始習慣他創設的法律。

他航海出遊的第一個目標是埃及。

索倫的目標，爲什麼是埃及呢？那是因爲對古代的希臘人而言，埃及是世界知識的泉源；與其他許多希臘人一樣，索倫也渴望知識。

不管前往埃及，會遭遇多少困難，對於有心追求智慧的人而言，都是絕對必要的一趟旅程。他並不是唯一向埃及神官請益的希臘哲人。

聚集在金字塔下方的炙熱沙漠上，並不是像我們今日所看到的被搶劫一空的法老王的寶箱。那裡的知識隨著年齡增加，古代流傳下來的紀錄與文書由有影響力的神官管理。

埃及的神官們有時候也會違抗法老王，他們的行爲以及思想，全都深受宗教影響。神官們不單單只是禮儀的執行者，他們也是天文學家、數學家、行政官，以及歷經數代的秘密科學的護衛者。

只有極少部分非常聰明的孩子，才可以進入宗教界，而且，只有經過長期的專門教育與嚴格學習，最後被選上的人，才可以接觸到至聖的書籍文物。索倫到了埃及之後，尋找著這極少部分的神官們，想透過他們窺視過去的歷史秘密。

普爾塔可斯對於索倫旅途中的這個階段，做了如下的敘述：「他跟著埃及最有知識的神官——海里歐普里司的聖菲斯與塞伊斯的森基斯一起學習、討論。柏拉圖說，索倫就是從這兩個人這裡，聽到有關亞特蘭提斯發展與滅亡的事情。」

對於亞特蘭提斯的所在地點，就是根據神官森基斯所說的話。

埃及的神官，向索倫談到亞特蘭提斯文明的歷史，以及這個文明在九千多年前，因爲「強大力量的地震與洪水」而受到破壞等事情。森基斯也強調整個地球，受到大規模地質學變動侵襲的事實。

索倫與森基斯的對話，大家認爲是紀元前五六〇年左右的事情。

據此推算，亞特蘭提斯的滅亡，是在紀元前九五六〇年前發生的事。這個年代，科學家指出，相當符合地球最後一次發生的大規模地殼移動時期，因此，亞特蘭提斯陸沉之說，也許不僅僅只是埃及人流傳的神話或是柏拉圖捏造的故事。

亞特蘭提斯散發著神秘能量

科學家接連發現過轟動全世界的奇蹟，有人便推測，這會不會是亞特蘭提斯在深海底下依然在散發著神秘能量……

亞特蘭提斯是柏拉圖心中失落已久的夢想之城，它所締造的輝煌文明，也一直被視爲這一代人類文明的源頭，傳說中這塊沉沒海底的神秘大陸究竟在哪裡呢？

事實上，關於傳說中亞特蘭提斯的正確地理位置，除了柏拉圖《對話錄》的描述之外，並沒有任何歷史文件或記錄可供佐證，因此，一有考古新發現，就會引發相關的聯想。

例如，科學家曾在大西洋西部的百慕達三角海域，以及在巴哈馬群島、佛羅里達半島等附近海底，接連發現過轟動全世界的奇蹟，有人便推測，這會不會是亞特蘭提斯在深海底下依然在散發著神秘能量……

此外，一艘蘇聯海洋考察船在大西洋下拍攝到一座宏大的古代人工建築，也有人懷疑這是不是亞特蘭提斯人建造的呢？

兩位挪威水手在魔鬼三角海域之下發現了一座古城。在他們拍攝的照片上，有平原、縱橫的大路和街道、圓頂房屋、競技場、寺院、河床……，也有人認爲，這會不會是神秘消失的亞特蘭提斯？

根據柏拉圖的記載，若干學者推斷說，亞特蘭提斯應該位於直布羅陀海峽西方的大西洋中，由於亞特蘭提斯的位置將北上的墨西哥灣流擋住，使得歐洲與美洲地區發生七次的冰河時期，直到亞特蘭提斯沉沒之後，溫暖的墨西哥灣流才能順利抵達北方，結束了冰河時代。

部分支持這項說法的學者認爲，現在的亞速群島、威德角群島，以及加那利群島……等，都是當時亞特蘭提斯的山峰，亞特蘭提斯大陸沉沒後，

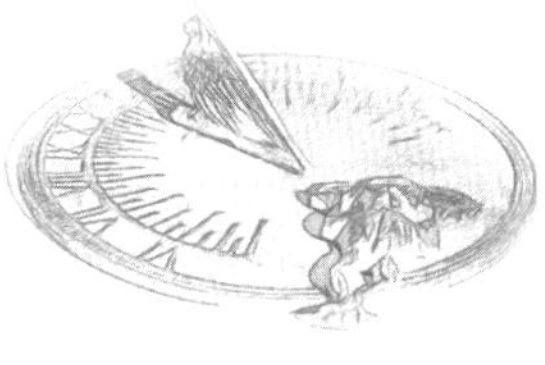

這些未被淹沒的山峰便露在水面以上，形成了星羅棋布的島嶼。

過去，曾經有科學家在亞速群島附近海底裡取出了岩心，經過科學方法鑑定，證實這個地方在一萬二千年前是一片陸地，因而揣測這裡是亞特蘭提斯帝國沉沒的地方。

但是，根據現代地質使用先進儀器探測結果，大西洋這塊海底區域實際上是一塊上升地塊，並非是下沉地塊，所以這項說法自然被推翻了。

美國動物學家范倫坦博士曾於一九五八年，在巴哈馬群島附近海床上發現奇特的地形結構，從空中往下看，這些幾何圖形是一些正多邊形、圓形、三角形，還有長達好幾英哩的直線。

一九六八年，范倫坦博士又在巴哈馬群島的北比米尼群島附近海域發現幾百碼長的巨大石牆，每個石塊至少十六立方英呎，順著石牆探測下去，竟然發現更複雜的結構，有幾個港口，還有一座雙翼的棧橋，儼然是一個沉沒幾千年的古代港口。這是不是沉沒的亞特蘭提斯港口？

後來，幾名潛水員在巴哈馬群島的比米尼島附近，發現海底一條用長方形和多邊形巨石鋪設，排列整齊、輪廓鮮明的大路，這是不是亞特蘭提斯陸沉的驛道呢？

由於巴哈馬的海域是屬於下沉地形，因此引起不少學者的猜測，懷疑這是否是亞特蘭提斯人建造的文明遺跡。

然而，畢竟沒有其他證據加以輔證，轟動一時的石牆事件至今仍是一個沉睡於海底的謎。

推定亞特蘭提斯位置的十六個線索

那些忽視「海力克斯」象徵意義的探索者，只在北大西洋上尋找亞特蘭提斯的位置，也難怪他們在「大西洋」搜尋證據的時候，會產生更多誤解了。

埃及神官對古希臘聖人索倫所說的亞特蘭提斯故事，經由柏拉圖記載而流傳於後世。

由於後人一直相信這個悲壯的故事，真實地發生在大西洋的某個地方，因此長久以來不斷尋找故事的發生地點，卻一直遍尋不著。

有些學者認爲，亞特蘭提斯並非真的消失在現今的大西洋之中，並且試圖從埃及神官森基斯的話語中，尋找新的蛛絲馬跡。

埃及神官說，在遙遠的九千多年前，「海力克斯（Herakles）之柱」的對面，有個名叫亞特蘭提斯的島嶼。島上分爲十個王國，海神波賽頓（Poseidon）的五對雙胞胎兒子在島上各自爲王，統治自己的疆域。最年長的兒子「亞特拉斯」（Atlas）爲王中之王，因此該島便依據他的名字而稱作「亞特蘭提斯」。

森基斯告訴索倫，遠古時代的亞特蘭提斯非常繁榮富庶，忙碌而又熱鬧的港口聚滿來自世界各地的船舶。亞特蘭提斯土地肥沃，地下資源相當豐沛，金屬礦產、森林資源、家畜、果實、穀物等物產富饒。位於島嶼中央的皇家衛城建有豪華的神廟，裡頭有著許多黃金雕像；皇城的四周是廣闊的平原，其間掘有許多運河和綿密的水路。

在十位國王英明的治理下，亞特蘭提斯堪稱是世界最繁榮富裕的地方。可是，後來國勢開始走下坡，最後更遭到地震和洪水侵襲，亞特蘭提斯就此沈入海底。

根據埃及神官的說詞，大多數人都認爲，「海力克斯之柱」是指直布

羅陀海峽，亞特蘭提斯是指大西洋（Atlantic Ocean），因此尋找亞特蘭提斯要先從大西洋找起。

但是，遺憾的是，不論從大西洋或附近其他地方，都找不到亞特蘭提斯的殘存蹤影。

埃及的神官曾經說出亞特蘭提斯的位置與它的形狀，可是，由於這段經過轉述的傳說年代相當久遠，加上柏拉圖時代的古希臘文字早已變得艱澀難懂，而且一萬多年來，地球的面貌也有了重大改變，因此，總是讓人覺得語焉不詳。

若干學者認爲，爲了找出正確的事實，目標就必須擴大到當時希臘人對整個地球的知識範圍之外。他們指出，索倫的轉述中有十六個線索，或許可以據此推測出亞特蘭提斯的位置。

這十六個線索是：紀元前九五六〇年、太陽軌道的變化、全世界發生的大地震、侵襲全世界的大洪水、島嶼、大陸（比利比亞或亞洲還要大）、比海面高、無數的高山、有如聳立在海面上的險惡峭壁、還有其他的島、豐富的礦物資源、在「海力克斯之柱（過去所知的世界的範圍）」之外、在大西洋的遙遠遠方、漂浮在「真正的」海上、地中海與真正的海比起來只不過是個海灣、是被真正的海圍繞著的大陸。

柏拉圖所說的亞特蘭提斯的位置，是從亞特蘭提斯出生者的世界觀的觀點來說的。紀元前九六〇〇年時的世界，與二十世紀的人看到的東西，明顯是不同的。

因爲各個國家的文化差異，對地球的看法會有所不同，這是很有趣的。例如，中國認爲自己的國土是在地球的正中央，因此稱爲「中國」，可是，對於住在歐洲的人而言，中國只是歐亞大陸極東的一部分。此外，某個國家的中央部分，從其他國家來看，也只是外圍部分而已。

就像現在人以歐洲爲中心來思考世界的方法，是因爲大航海時代造成的結果。歐洲探險家與生俱來的偏見，最後卻成爲通用全世界的偏見。把世界分成「東西」這樣簡單的分類，也是來自歐洲。

可是，以歐洲爲世界的中心這種說法，事實上並沒有任何科學上的根

據，因為，地球是個球形行星，沒有所謂東西或中心。

索倫時代的希臘人，是以漂浮在大海上的島這種感覺，來描述地球。這座「世界島」分割為三個重要的文化圈——歐羅巴、利比亞以及亞細亞。

在古代希臘人的認知裡，利比亞涵蓋我們現在所稱的「北非」整個區域。從他們的觀點來看，「亞細亞」僅限於今日的中東地區，從過去到現在，一直都沒有改變位置的，只有「歐羅巴」。

在希臘人的觀點當中，世界的西邊是「海力克斯之柱」。

「海力克斯之柱」具有兩種意義，其中一種描述法，是用來指稱直布羅陀海峽這個特定地點，另外一個象徵意義則是指「大家都知道的世界盡頭」。例如，希臘詩人賓塔羅斯（**Pindaros**，五一八～四三八年BC）就曾寫道：「希臘人所知的海力克斯之柱，是世界的盡頭。不管智者或非智者，都無法越過那裡。」

我們可以把海力克斯之柱，解釋成「世界的盡頭」，感覺就像是通往神秘領域的入口，是只有愚蠢的人才會想去的地點。那些忽視「海力克斯」

象徵意義的探索者，只在北大西洋上尋找亞特蘭提斯的位置，也難怪他們在「大西洋」搜尋證據的時候，會產生更多誤解了。

柏拉圖提及的埃及神官，暗示著亞特蘭提斯在「大西洋的遠方」。可是，對古代希臘人而言，所謂的「大西洋」，究竟代表著什麼意義呢？

亞里斯多德對「大西洋」的定義是：被「世界島」整個包圍起來的海洋部分。他寫著：「位於我們居住的世界之外，圍繞著我們的世界的這片海，就是『亞特蘭提克』，也就是我們所稱的『大海』。」

按照亞里斯多德的解釋，古代希臘人認知中的「大西洋」，其實就是無限寬廣的「世界海」，而不是現今狹義的大西洋。因此，一味在狹義的大西洋尋找亞特蘭提斯，自然徒勞無功。

遭到誤解的「亞特蘭提克海」

錯誤的形式引導出的結論，使得亞特蘭提斯研究家們，只看到古代希臘人稱為「亞特蘭提克」海域的一小部分而已。

自從得知亞特蘭提斯文明以來，人類就永不止息地持續搜尋，寄望有朝一日能發現這塊夢土。

科學家、考古學家，以及許許多多探險家，依照柏拉圖對這個理想城市的描繪，在世上各地仔細地搜尋比對，試圖找出這座夢想之城可能的沉落遺址，儘管有許多合理的懷疑，但是至今仍然莫衷一是。

古代希臘人擁有的大西洋觀，認為全世界只有一個海，但是，後代的人們卻將大海區分成好幾個部分。從十五世紀到十六世紀，盛行航海探險的時代開始，人類的誤解就已經開始。

大航海時代的船員們，把船從非洲航向中南美，完成了未知的海洋地圖，摸索著通向各個外國的寶物之道，爲沿路通過的海峽，一一命名。

例如，通過南美海灣的危險航海之後，費迪南・馬琪蘭（Ferdinand Magellan，一四八〇～一五二一年）終於成功的來到寬廣平穩的海域。他將這片海域，命名爲太平洋（Pacific Ocean），意思是「平穩之海」。

相同的，維斯可・達葛馬（Vasco da Gama，一四六九～一五二四年）抵達印度的時候，將他經過的那片海，命名爲印度洋。

在陌生的狂風巨浪中航海，藉由將自己所知的部分命名，似乎可以減少一點恐懼。於是，新命名的部分，一點一點的加進冒險者的地圖上。

經過一段時間，對於香料、絹絲以及其他亞洲奇珍異品的大量需求，促使他們做出更詳細的海上貿易路線地圖。這些地圖，使「分割的海」這個錯誤的概念，變得更加嚴重。

如此這般，古代希臘人所說的「亞特蘭提克海」這個字，完全喪失原來的意義。「亞特蘭提克」這個字，變成單指位於歐洲西部到南北美大陸東側的區域，也就是現今的大西洋。如此錯誤的形式引導出的結論，就變成「消失的亞特蘭提斯大陸，位於北大西洋的海力克斯之柱（直布羅陀海峽）的西側」，也因此使得亞特蘭提斯研究家們，只看到古代希臘人稱爲「亞特蘭提克」海域的一小部分而已。

生於現代的我們，與航海時要用各種機器彼此配合、確認的祖先們不同，我們可以透過人造衛星，看見整個地球。

從宇宙看到的地球，給了我們全新的視野。

從以歐洲爲地球中心的觀點來看，世界有七個大陸與五個海。可是，從宇宙拍到的地球照片，歐洲只是歐亞非大陸的一部分，南北美大陸看起來，也像是被人工的巴拿馬運河分割開來的一塊廣大陸地。

將南北美分開來思考，只是葡萄牙、西班牙、英國人的一廂情願而已，並不合乎學術上、地理學上的理論。

我們習慣了以北邊爲上方的地球觀點，因此會強調海水部分被分割成幾個部分。可是，從海洋學者的立場來看，地球上只有一個海，那就是被稱爲「世界洋」的海。

從事海洋科學研究的人，所擁有的「世界洋」概念，與普通人不一樣。我們在小學階段，就被教導各大陸與海洋的名字，在這樣的教育下，我們知道海包圍著陸地，可是，也被植入「海水是被分割」的概念，被引導到錯誤的方向去。以海洋學者的立場來說，世界上的海洋都是彼此相通的。

世界上的海，是合而爲一的，這個概念只要看那張以大西洋爲中心，從南半球來看世界的美國海軍地圖，就可以很清楚了。從南極看地球，形成世界洋被非洲、歐洲、亞洲、美洲所形成的巨大大陸包圍的形式。

亞特蘭提斯存在的時代，南北美大陸是以「白令地峽（後來陸沈為白令海峽）傳送帶」這個陸橋，與非洲、歐洲、亞洲大陸連接在一起的。

這個狀態形成了一個應當稱之爲巨大的「世界大陸」的陸地。以南極爲中心來看這塊陸地，就會發現這塊陸地包圍著世界洋。

亞特蘭提斯就在南極？

從亞特蘭提斯的立場看到的世界觀，與柏拉圖留下來的敘述吻合。那裡存在著某個特定的時代中，極為正確的地理世界觀。

在《對話錄》中，埃及神官森基斯告訴索倫大洪水以前事物的神話。森基斯像在取笑索倫有限知識似的這麼說：「喔！索倫啊索倫！你們希臘人不管到什麼時候，都像個孩子。這個世界上根本沒有年老的希臘人，你們不曾擁有在古老傳統下培養出來的知識，也沒有偉大的學問。」

森基斯談到大洪水之後發生的事情：「在襲擊人類的破壞中，最可怕的是火與水的力量。可是，除此之外，還有無數的災難。太陽的兒子帕頓因爲無法拉著父親的戰車，沿著父親經過的路讓戰車奔跑，所以，把地上所有的東西都燒掉，帕頓自己被雷打死的故事，其實就是把在天空環繞地球的星星脫離軌道，在脫離軌道這段漫長時間中，在地上引起災害的這些事實，比喻成神話而來的故事。」

神話中，爲了保護人類，天神宙斯用雷電殺死帕頓，而爲了停止地上的大火災，引發大洪水。

不少科學家都強調，這個神話忠實的說出了地殼移動的時候，發生的過程——太陽突然改變軌道之後，地震與洪水就侵襲整個世界。

若干主張亞特蘭提斯就埋葬在南極冰原之下的學者指出，索倫提到有關亞特蘭提斯的地理性特徵中，有很多細微到令人吃驚。

因爲，他們認爲南極真正的大小，是等於北非（利比亞）與中東（亞細亞）合起來。埃及人是在耶穌出生前六世紀，就已經存在了，而且，令人驚訝的是，索倫談到的那塊大陸，極有可能位於南極，人類到十九世紀都還不知道那塊大陸的存在，要一直到二十世紀才開始去探險。

運用板塊運動學說，試圖證實亞特蘭提斯沈睡在南極的地質學家們得出結論，認爲南極以前隸屬於礦物資源豐富的南非、澳洲西部以及南美，因此，也有同樣的礦物資源，沈睡在南極冰封的大地之下。

他們指出，利用近代科學的手法，已經成功地解開了與亞特蘭提斯位置有關的兩個線索。

一九五八年，科學家們發現南極不是一塊岩石的大陸，而是許多島聚集而形成的島大陸。周圍呈點狀分佈的諸島，被隱藏在比較新的冰冠之下，根據地震波測定檢查，被厚冰雪覆蓋的島大陸，才是南極的真正樣貌。

他們認爲，除掉冰雪之後的南極地圖，就可以確認柏拉圖所說的「其他的諸島」，是存在的。

埃及神官森基斯對索倫這麼說：「首先，這座大陸距離海面很高的位置。面對海的地方，就像絕壁一樣。無數聳立的群山，比現在任何一座山還高，還要美。」

關於南極的地理狀態，《威迪克年鑑》裡面是這麼寫的：「在這座大陸的地理性構造中，最引人注意的，是內陸部的高原（很多都在三千公尺以上）。南極山脈以及南極半島、包圍著周圍的群島，都是這樣。大陸棚的寬度，平均是三十二公里。」

就像森基斯所描述的亞特蘭提斯一樣，南極也是位於高於海面很遠的距離，是位於全世界最高位置的大陸。

柏拉圖留下的關於世界的敘述，僅擁有有限知識的希臘人，經過說明之後，似乎也能理解。儘管與我們現在看到的地球樣貌，與柏拉圖時代有一些不同，可是，如果假設我們住在南極，以南極的角度看世界，那麼一切敘述都會變成是正確的。

希臘人解釋，亞特蘭提斯位於他們所知的世界之外，被「真正的海」所包圍。與真正的海比起來，地中海只是個「連接狹窄入口的海灣」。所謂真正的海，是指世界洋。

柏拉圖留下來的談話記錄中，記載著「真正的海」，是被「名副其實的大陸」所包圍。

地理學家曾經繪製一張地圖，重現了上述的古代世界觀。這張地圖是在最後一次的大規模地殼移動以前，亞特蘭提斯滅亡前的地球樣貌，是以南極爲中心畫出來的。

當時的海平面比現在低許多，英國與日本還不是海上島國，白令地峽將非洲、歐洲、亞洲大陸，與南北美大陸連接在一起，形成一個沒有裂縫的「世界大陸」。

根據埃及神官森基斯所說，消失的亞特蘭提斯的位置，是在未知的世界大西洋的遠方。

「比利比亞與亞細亞合在一起還大，也有可以前往其他島的海路。並且以那裡爲中心，連接著大陸，那座大陸是被真正的海包圍起來的。這裡的區域，就像擁有小入口的海灣。另一個海，才是真正的海，包圍著這裡的陸地，才真的大到足以被稱爲大陸。」

到目前爲止，進行有關亞特蘭提斯的搜尋調查，都是根據二十五個世紀以前，埃及神官所說的話。

據這位神官所說，標示出亞特蘭提斯位置的句子，是記錄在埃及最古老的文件上，這些文件恐怕就是亞特蘭提斯大陸消失之後，逃到埃及的倖存者親手寫出來的吧！

因此，我們可以說，從亞特蘭提斯的立場看到的世界觀，與柏拉圖留下來的敘述應該是吻合的。那裡存在著某個特定的時代中，極爲正確的地理世界觀。

輝煌強盛的亞特蘭提斯帝國

亞特蘭提斯享受著和平與繁榮，不斷擴大勢力範圍，繁榮了好幾代，在人類文明史上，不管過去或是現在，都不曾有過一個帝國，像亞特蘭提斯那麼富裕。

大災難之後，亞特蘭提斯大陸被破壞撕裂，若干得以倖存的居民逃難到全世界各地，衍生出人類其他文明。

亞特蘭提斯人過去的記憶片段，不斷交織成一個個模糊的傳說與神話，在好幾個世紀之中，繼續存活。

有些化爲文字而留下來的記錄，交在埃及神官森基斯的手上。森基斯負責過去很多珍貴古文件，可是，關於亞特蘭提斯的記錄，他小心翼翼的包好，然後加以封印。

後來的人經過很久的歲月之後，才透過索倫或柏拉圖的敘述，知道有這些文件的存在。

要尋找亞特蘭提斯消失的線索，必須在柏拉圖留下來的敘述中鑽研。想像一下，約一萬二千年前，亞特蘭提斯帝國的船員，經常出航到世界洋的那個時代。

海面上寒風刺骨，因爲長期受到海風吹拂，船員們嘴唇裂開，可是，穿過甲板看向遠方，他們略帶藍色的眼眸中，有某種閃閃發亮的光芒。

再過幾個小時，船隊就可以到達亞特蘭提斯。亞特蘭提斯，是輝煌的都市、帝國的首都，以及他們出生的故鄉。

當他們看到高聳雲霄的山峰時，再度望向海洋包圍著大片陸地，往天空、海洋延伸的地平線看去，高聳的山峰，就像在向太陽挑釁一樣，對他們發出歡迎的呼聲。

船隊越來越靠近海港，海港與四周商業區的吵鬧聲，傳到正在準備入

港工作的船員耳中。

不絕的喧鬧聲、商人們氣勢十足的聲音、各種動物的叫聲，以及金屬製成的工具碰撞出的哐啷聲，對亞特蘭提斯帝國龐大船隊的船員們而言，是最美好的音樂。

美麗的夕陽，映照在為了阻礙外來侵入者，排列在外牆最上面的建築物上。看到這個情景，船員們熟稔的開始準備要進入連接著市中心，長達十公里的運河。許多活躍的攤販販賣的物品發出各種香氣，漸漸取代了海潮的味道。

市場的吵鬧聲越來越大，使船員們確實感到自己回到文明社會了，海上單調生活的回憶，漸漸被商業區的活潑取代了。

亞特蘭提斯港口的喧囂，是很自然的情景，這裡負責支撐整個巨大帝國的物資流通，一刻也不得閒。

商人們是帝國大動脈的一部分，他們讓帝國持續繁榮，商業地區甚至佔據外圍地區四分之三的部分。他們鎖定不斷來到的外國船隻，把佔據港區大部分地區的巨大港塢擠滿。

這些港塢，也是要塞不可或缺的部分。這些部分是爲了保護亞特蘭提斯人的寶物，用亞特蘭提斯所產的白色、黑色以及紅色的岩石做成。模樣精巧，甚至一直延續到港口，防守入口的門或塔。

在這塊熱鬧區域所進行的商業行爲，也正是所有亞特蘭提斯人享受富裕生活的泉源。

船隊進入運河，商業區的喧嘩聲開始遠去，進入亞特蘭提斯的船隊，沿著運河航行，在聳立的懸崖之間，看起來比實際小多了。

對外來的人而言，這是多麼威嚴的情景啊！穿過這裡，已經到了亞特蘭提斯的心臟地帶，是神聖的地區。可是，爲了抵達母港，必須繼續在複雜交錯的運河網中再走一段。

年輕船員們，再度回到自己生長的土地，內心充滿激動與感慨，有的已經開始坐立不安了。

他們的祖先，建造出一座聲名遠播的繁華大都市，即使以二十一世紀

人類的尺度來看，亞特蘭提斯的規模，也大得令人難以估計，是個足以自豪的都市。

亞特蘭提斯人最充分運用的能源，是無止無盡的水。可是，很諷刺的是，亞特蘭提斯就是被水所毀滅。精巧設計的運河，可以完全應付都市內的物流或交通網，通過大平原，一直延續到水源發源地的山區。

羅馬城、亞歷山大城，甚至拜占庭帝國的首都君士坦丁堡，都沒有亞特蘭提斯這樣龐大壯觀，也沒有這麼美麗。光是都市的直徑，就包含了二十三公里的廣泛範圍，居住地區的巨大外牆，一圈約七十二公里。即使是後來號稱「日不落帝國」的大不列顛首都倫敦的名勝，幾乎全部都可以放進亞特蘭提斯的最裡面了。

在倫敦，我們看到的都市，是無計劃性的。可是，在亞特蘭提斯，都市的構造，就像是按照都市計劃的藍圖建造出來的一樣。

位於亞特蘭提斯外側的許多塔或門，對於想要前往內部區域的人而言，應該不是什麼了不起的難關，可是，當外來商旅航行在區隔開商業地區與內部都市之間，寬五百公尺的運河中時，都會禁不住產生敬畏之心！

走過這麼寬廣的水面上，才能夠抵達那片用來擋住敵人進入內部都市的耀眼鑲金銅牆。

一旦進入內部都市，一眼就可以看到偉大文明的一切。第一環是賽跑場地、綜合運動場，生長著從全世界各地收集來的珍奇花木的庭園。從這個娛樂區域往內部，裡面是由陸地與運河交織而成。接下來的陸地區，在略高一點的地方，用錫牆圍著，裡面有庭園、宮殿、泉水，是亞特蘭提斯的低層貴族居住的地方。

然後，亞特蘭提斯人就像看透了旅行者的心一樣，在內部做出更美的景致。一通過最後的河道，那裡有一片更高一點的陸地，這個部分也是用金屬牆圍起來的。

這種金屬，就如特殊的火焰一般閃亮，是亞特蘭提斯特有的，稱爲「歐里哈爾肯（**Oriharukon**）」的物質。在金字塔構造的頂端，光輝燦爛的牆壁圍繞著城市，從頂端的城區，掌管著整個亞特蘭提斯帝國。

在位於中央的島上，「波賽頓森林（Poseidon）」圍繞著寺院，溫泉、冷水，在庭園中流動，夏天當作避暑的游泳池，冬天則是溫暖的溫泉。寺院與宮殿，用貼著黃金的外牆包圍，寺院本身則是貼著銀箔。

寺院內部，到處裝飾著各種神像，其中引人注目的是海神像，海神波賽頓「站在戰車上」，韁繩前端綁著的是「有六張翅膀的馬」。周圍是一百位海妖精，他們騎著海豚，陪伴著走在大海中的海神。

海神寺院的祭壇上，供奉著亞特蘭提斯十個地區中，十位國王制定的法典。這些都裝在用「歐里哈爾肯」製成的箱子裡，帝國之王與國王們每五年聚集一次，執行自古傳下來更新血緣的儀式。

儀式一開始，要檢討法典的實施狀況。他們聚集在一起，召開有關公眾問題的會議，不管是以何種型態，只要稍微侵犯了律法，就必須針對個別的事件，進行審議。

在他們用極爲嚴肅的態度進行過討論之後，就會舉行強化守護亞特蘭提斯的共同誓約儀式。

夜晚來臨，火把的火點燃，聚集在一起的國王們，身穿美麗的貂皮禮服，圍繞著火焰，盤膝而坐。他們在那裡徹夜長談，討論是否有人違法，一直談到聖地的所有火把都熄滅。

審議一旦有了結果，罪狀輕的時候，會在黃金的便條上面，寫下結審的內容，與禮服一起，作爲回顧錄獻上。

亞特蘭提斯享受著和平與繁榮，不斷擴大勢力範圍，繁榮了好幾代，在人類文明史上，不管過去或是現在，都不曾有過一個帝國，像亞特蘭提斯那麼富裕。

如何讓亞特蘭提斯文明甦醒？

柏拉圖所說的線索，雖然很少，卻非常細緻。如何讓亞特蘭提斯的生命，從消失的冰冷的墳場裡甦醒，是現代考古學的工作。

柏拉圖在對話錄「克里西亞斯」中，重複述說埃及神官森基斯對索倫提及的亞特蘭提斯文明。關於亞特蘭提斯的位置，這位神官給了我們以下五個確實的線索：

1. 位於廣大的平原上
2. 位於海的附近
3. 位於廣大大陸的中央部位

4. 海灣上有島

5. 被山包圍著

若干學者指出，這五個線索，假如以地殼移動論導出來的氣候條件爲根據，就可以找出亞特蘭提斯大約的位置。

曾有科學家指出，孕育亞特蘭提斯繁榮的地方，是遠離南極圈的南極大陸部分。在亞特蘭提斯最強盛的時代，南極是個島嶼聚成的大陸，一半以上都被冰覆蓋。在這裡找不到亞特蘭提斯都市，因此，他們認爲亞特蘭提斯位於西南極，是比較自然的推測。

根據柏拉圖所說的，亞特蘭提斯城靠近海，而且是在亞特蘭提斯大陸中央線上，是在島的反方向位置；處於完全被山包圍的型態，又位於小丘陵地帶的大原野上。

他們認爲，南極呈點狀分佈著小島的那一邊，沿著岸邊，確實存在著南極大陸的山脈地帶，也許，偉大都市亞特蘭提斯以前就存在原野地區。

根據當時集智慧於一身的埃及祭司給我們的線索來思考，亞特蘭提斯

的地點，應該是這樣。可是，亞特蘭提斯的文明，依然埋藏在黑暗中。

柏拉圖所說的線索，雖然很少，卻非常細緻。如何讓亞特蘭提斯的生命，從消失的冰冷的墳場裡甦醒，是現代考古學的工作。

主張亞特蘭提斯就在南極冰原的學者強調：「我們應該注意的是冰冷黑暗的南極之海。那裡也許就隱藏著所有文明的根源。也許被遺忘的亞特蘭提斯大陸之謎，答案就存在於冰凍的深處。」

這些學者指出，現代人要找到亞特蘭提斯黃金時期的證物，不需要去經歷南極的暴風雪，也不用潛入厚厚的冰底下，因爲古代人們留給我們意想不到的遺產，那就是「地圖」。這些地圖，在那些沒有跟著國家一起滅亡的人手上，謹慎的保護著。

他們強調，古代的地圖，被重複抄寫了好幾次，最後來到歐洲探險家的手上。地圖可以彌補人類在探索歷史文明上的缺損部分，後來也創造出所謂「大航海時代」的歷史局面。大航海時代的探險家們，在出航前，一定都會充分檢討亞特蘭提斯人製作的世界地圖。

PART 2.

亞特蘭提斯是統治世界的殖民政權？

如果是亞特蘭提斯是個龐大的殖民政權的話，

那麼它至少比蘇美文明更古老兩倍，

而且遺物不可能耐得過將近一萬二千年的風化作用。

神秘的亞歷山大城圖書館

亞里斯多德來到亞歷山大城的圖書館，誕生了「地球是繞著太陽轉」這個革命性的概念。亞里斯多德會不會是從亞特蘭提斯的科學書中，得到啟發呢？

紀元前三三二年到紀元前三三一年的冬天，當時二十四歲的亞歷山大大帝，率領三萬五千名馬其頓軍隊，在西奈半島的酷熱沙漠中行軍。

荒野的行軍，持續了七天。酷熱中，軍靴踩在大地上的聲音、盔甲碰觸發出的聲音、汗濕的馬鼻頭發出的喘息聲，都被廣大的沙漠吸走。亞歷山大大帝歷經苦難，軍隊終於脫離沙漠，來到埃及這個綠洲。然後，就像他以前做的一樣，他也要征服埃及。

當時的埃及，並沒有足夠的兵力可以抵抗亞歷山大大帝軍隊，埃及的領導者很快就決定要投降。

當麾下的士兵們喝著酒，在埃及式浴池裡面，讓疲憊的身體休息的時候，亞歷山大大帝想到自己的將來。他的老師，年老的亞里斯多德曾談到，在這個金字塔國家裡面有著無數的寶物，以及沒有人知道的古文明秘密。這件事情，提高了亞歷山大大帝的興趣。

從他的戰略眼光來看埃及這塊土地，三面都被沙漠包圍，只要有足夠的裝備與兵力，是一塊防守起來很輕鬆的地方。

這麼一想，就等於已經決定了一樣。他要在埃及建設大都市，決定新的王國首都，首都的名字就是「亞歷山大城」。

亞歷山大大帝後來離開埃及，打敗波斯軍，然後，又征服了更遠的七個國家。接著，到達位於印度的貝阿斯河，這時他的軍隊停止前進，因爲士兵們極度疲倦，無法再往前走了。

這時候，可以說亞歷山大大帝軍已經統治了世界的大部分，甚至已經

太多了。亞歷山大大帝讓士兵們回到自己的東方首都巴比倫，他在三十四歲生日時，死在這個地方。亞歷山大大帝征服的領土之大，相當於美國西海岸到東海岸。

亞歷山大大帝的幼年朋友普特雷麥歐斯（Ptolemaios Klaudios，三六七～二八三BC）將他的遺體移往埃及。

他在這裡建立了埃及王朝，成為普特雷麥歐斯一世，一直到王朝最後一位女王克麗佩脫拉（Cleopatra），在羅馬軍侵略時自殺為止，總共經歷了十四位王。

普特雷麥歐斯全力興建圖書館、博物館，不斷收集亞歷山大大帝征服土地的許多秘密寶物。於是，當時所有的智慧，幾乎都聚集在亞歷山大城這一個地方了。

要執行這麼遠大的計劃，也不是容易的。他對位於近東附近的古代諸國進行徹底的調查，長期以來一直被隱藏的文件、充滿神秘的亞特蘭提斯人繪製的地圖、有關古代科學的秘法、以及手工藝品……等等，必須不斷運到博物館。

歷經好幾個世紀以來，亞歷山大城的大圖書館，對於想要進入知性與好奇心迷宮的人而言，都是一個重要的中樞機關。

就像鐵會被磁鐵吸走一樣，想對消失的亞特蘭提斯文明知道更多的學者們，也不斷來到亞歷山大城。

希臘的科學家愛拉特斯提尼斯（Eratosthenes，約二七五～一九四BC）一定也在這個圖書館裡面，看過許多驚人的東西。他在裝有地質學之謎、古代地圖以及許多遊記記載等重要資料的寶庫中工作，於耶穌誕生前兩個半世紀，享受著豐富的知識。

紀元前三百年左右的數學家歐幾里德，也是迷上這座偉大圖書館的人之一。另外，古代的「湯瑪斯．愛迪生」——阿基米德（約二八七～二一二年BC），也是每天都在圖書館中度過，埋頭想要解開埃及古文書之謎。

許多學者相信，阿基米德的科學知識來自亞歷山大圖書館。在他死後，有人有了偉大發明，就會被稱爲「新的阿基米德」。

地球繞著太陽轉，對於生於現代社會的我們，這是一種常識，可是在古代，這種想法被當作是愚蠢的，然而，亞里斯多德卻提出以太陽爲天體中心的概念。

亞里斯多德也曾來到亞歷山大城的圖書館，來到這座知識的寶庫，最後誕生了「地球是繞著太陽轉」這個革命性的概念。可是，他的想法，在後來的一千九百年間，都沒有受到肯定。

有人懷疑，亞里斯多德會不會是從圖書館中收藏的亞特蘭提斯的科學書中，得到啓發呢？

反過來畫的基爾夏地圖

他認為亞特蘭提斯的遺跡沈沒在北大西洋的某個地方。另外，也提到在羅馬軍侵略埃及的初期階段，亞特蘭提斯的地圖被搶走的事實。

一六二八年，著名的考古學者阿那西斯．基爾夏在亞歷山大圖書館閒逛的時候，看到了埃及的石塔的圖版。石塔上刻劃的象形文字吸引著他。

後來，他負責古代埃及金字塔的研究與保護。因爲埃及與聖經的密切關係，教會方面也對象形文字的解讀很有興趣，能夠做這項工作的人，除了基爾夏，再無更適當的人了。

他研究學問的熱心，大到無法只停留在天文學與地質學了。他同時也

對微視的顯微鏡鏡片底下的世界很感興趣。他已經開始提出，生病的原因是來自微生物的觀念，這是他自己初期的觀察結果。

他真可說是文藝復興的寵兒。任何吸引他興趣的東西，他會盡可能取得最多的知識，維蘇威火山爆發後，他甚至去冒著蒸汽的火山口附近觀察，親身體驗大自然的驚奇。

他又在羅馬的一流大學教授物理、數學、東洋的語言。一六四三年，他爲了埋首於自己最喜歡的考古學，辭退了教職。

在一六五五年以前，他發行了百科事典規模的著作《Mundus Subterraneus》第一卷。這本書只有「巨大」這兩個字可以形容，內容有所有的學說、圖版以及對煉金術的縝密調查。

在這本書裡面，他認爲亞特蘭提斯的遺跡沈沒在北大西洋的某個地方。另外，他也提到，在羅馬軍侵略埃及的初期階段，一張繪有亞特蘭提斯位置的地圖被搶走的事實。

這張地圖後來被稱爲「基爾夏地圖」。將寫在這張地圖上的文字翻譯出來，就是「根據埃及的人見解與柏拉圖的解說，現在沈沒在海裡的亞特蘭提斯的位置」。

從現代人的眼光來看，這張地圖的第一印象是很奇妙的。爲什麼呢？因爲北方在地圖的下方。這是因爲，古代埃及人相信，神聖的尼羅河的源流，是在南方，位於他們的上方。因此，南方一定必須在上面。

把這張地圖反過來放，就形成我們現代人熟悉的構圖。美國在左邊，西班牙與北非在右邊，這是二十世紀地圖的構圖。

把現在的地球拿起來，將南美大陸放在右邊，非洲大陸與馬達加斯加放在左邊，以南極爲中心來看的話，就會出現被冰覆蓋前，埃及人所畫的南極的樣貌。

南極大陸現在的形狀，是以現在這個時點的海拔爲基準來畫的，不是一萬一千六百年前的基準。亞特蘭提斯不是沈下去，而是因爲冰床溶解，海面上升，大陸的部分被水覆蓋住。

與「基爾夏地圖」比較，越接近近代，南極的形狀變的更多，這會不

會是因為南極冰床的重量引起的呢？累積很多的雪與冰形成的冰床，給大陸的地盤很大的壓力，這個部分會沈到低於海面的地方，所以，地圖上畫的南極的形狀，也就改變了吧？儘管如此，在現代的南極地圖上，也可以看到亞特蘭提斯的影子。

如果現代發生地殼移動的話，歷經幾千年建立起來的文明，縱使像蜘蛛網一樣，也會非常輕易的就被破壞掉了！居住在高山地區的人們，也許可以逃過侵襲全世界的海嘯，可是，倖存的他們來到平原，要建立起發達的文明，還是必須從頭來過。

也許，只有船員或在海軍工作的人們，才會擁有過去文明的餘燼。船或潛水艇雖然腐朽了，但是，留下了海圖或地圖，由生存者保管。這段期間，可能會長達幾百年、甚至數千年！地圖一直等待著上場的時間，一直到航行在世界洋上，再度發現消失諸島的日子來臨。

然後，也許有一天，倖存者會想要去解開自己歷史消失的部分。於是，也許派探險隊去南極，把冰封在底下的消失都市挖出來。

去哪裡尋找消失大陸的根據呢？

畢達哥拉斯對於消失的亞特蘭提斯大陸，更進一步的認識，可惜的是，畢達哥拉斯所留下的關於亞特蘭提斯記錄，後來遭到歐洲人破壞。

著名的社會學家湯瑪斯．S．昆恩，談到科學理論時，曾提出不可或缺的五個項目：「正確性、一慣性、範圍廣性、簡素性，以及有益性。這是評價一切理論比較適當的標準。」

因爲地殼移動理論的「簡素性」，愛因斯坦對哈普古德的想法產生了興趣。哈普古德用「事實上具有可動性」這個完全相反的假設，顛覆了「地殼絕對不會動」這個既定概念。

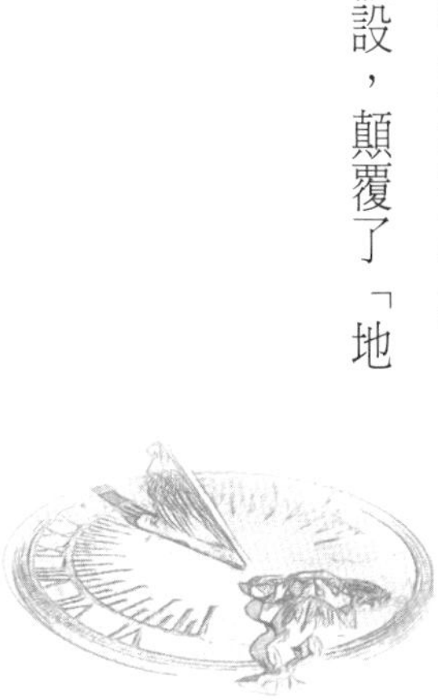

地殼移動理論，藉由如此簡單的假設，使得過去涉及各種範疇的問題，有可能可以用一個理論，正確的提出解答。

同時，消失的樂園之島的神話、在全世界發現的太陽與洪水的神話故事，也因此得到了足以理解的架構。

古代畫的許多地圖，爲什麼會有那麼不可思議的正確度呢？這個疑問也可以因此得到解答。

這些只可能是我們還不知道的遠古文明人類所畫的地圖。

根據哈普古德的地殼移動理論，部分科學家指出，西南極就是亞特蘭提斯的所在地。

可是，其他的理論又是如何談論消失大陸的真相呢？

索倫整個腦子都在想亞特蘭提斯之謎，他從埃及回到希臘的雅典的時候，畢達哥拉斯還是個住在薩摩斯島的年輕人。他也像索倫一樣，聽到各地談論到的亞特蘭提斯之謎。

他不禁到處旅行，從薩摩斯丘陵地帶，去到尼羅河畔。畢達哥拉斯終於見到學識豐富的神官們，他將銀做的酒瓶交給他們每一個人。

神官之一的森基斯，擔任畢達哥拉斯的老師。這位森基斯神官，大概也是對索倫談到亞特蘭提斯之謎的同一位神官吧！

畢達哥拉斯非常用功，漸漸學會神官教導的秘密儀式。對於消失的亞特蘭提斯大陸，也有更進一步的認識，可惜的是，畢達哥拉斯所留下的關於亞特蘭提斯記錄，後來遭到歐洲人破壞。

畢達哥拉斯是第一個提出「地球是圓的」的人，他寫著：「全世界都有人住。另外，對反正點是存在的，我們的『下面』，對其他的人而言，是在『上面』。」

同時，畢達哥拉斯也是提出「有五個氣候帶包圍著地球，南方的大陸真的存在」的說法的人，似乎暗示著亞特蘭提斯是位於地球的南方。

在他死後過了六世紀，羅馬地理學家梅拉，暗示有一個「熱帶」是人類絕對無法穿越的，他出版了一分世界地圖，這分地圖也包括了畢達哥拉斯提出的南方之島「安提克脫聶斯」。

畢達哥拉斯在義大利都市克羅頓組織秘密教團，後來遭擊潰，他可能也在革命中喪命。羅馬詩人奧狄修斯（Odysseus，紀元前四三～西元一七年）宣稱，他擁有畢達哥拉斯的哲學家向克羅頓市民演講的草稿。

「以我的立場來講，人類如何想從黃金的時代轉移到鐵的時代，數次想要反其道而行，想藉由改變居住地獲得恩惠，任何事情在同一個狀態下，都不可能長期持續下去。我也看過以前是大地的地方，現在是海，或是從海裡面出現大地。還在山頂上，發現古代的船錨。」

畢達哥拉斯與森基斯一樣，越是古老的事物，就越是完全相信。他們的態度，對於活在二十世紀的我們而言，是很難理解的。

古代希臘人或埃及人的子孫，在成長過程中，不斷聽到大人們說這些神話，訴說著在遙遠的古代，有一個繁榮的國度叫亞特蘭提斯。但是，現在的孩子們，卻都迷上了焦點放在未來的科幻小說。

我們所相信的，有時候也會動搖。但是，現代人把追求完美的希望，放在未來而不是過去。

現代的思考形式，使用的概念是「發展」，所以，研究古代埃及或墨西哥，或是秘魯等地遺留下來的偉大文明遺產，雖然讓人摸不著頭緒，卻是很有魅力的行爲。

許多了不起的遺跡，令人感受到「不變的發展」，令人思考我們的未來，會變成什麼樣子。

然而，在遠古時代，繁榮而先進的亞特蘭提斯文明，卻突然消滅了，這種事實，也許對於那些相信「不斷發展」的人而言，是很難接受的。

亞特蘭提斯是統治世界的殖民政權？

如果是亞特蘭提斯是個龐大的殖民政權的話，那麼它至少比蘇美文明更古老兩倍，而且遺物不可能耐得過將近一萬二千年的風化作用。

柏拉圖死後，他的學生亞里斯多德成爲雅典數一數二的哲學家。他懷疑荷馬（Homeros）著名的特洛伊（Troia）傳說，宣稱：「製造出東西來的人類，也可以破壞這些東西……」

這句話後來被誤用，以爲是亞里斯多德是在駁斥亞特蘭提斯，因爲他們認爲亞特蘭提斯傳說是柏拉圖運用豐富的想像力，編造出來的故事。

可是，就像我們已經知道的資料，亞特蘭提斯的故事，在柏拉圖絕對無法遇到的人所寫的神話中，不斷不斷重複出現。

海達族或歐肯那根族有關消失大地的故事，切洛基族傳說中，漂浮在南半球之島的故事，絕對不是柏拉圖可以參考的點子。

另外，柏拉圖也不可能會注意到古代伊朗或古代印度，流傳著遭到冰封的「樂園之島」耶亞那．瓦耶喬的神話，或是日本的「石殷馭慮島」的存在。而且，古代墨西哥人流傳的消失的白色島嶼亞斯特蘭的神話，都跟柏拉圖一點關係也沒有。

克蘭特爾是集中研究柏拉圖對話錄「提瑪友斯」的人之一。他相信柏拉圖所說有關亞特蘭提斯的敘述並不是杜撰，爲了證明這些事是事實，他還派了使節去埃及。使者們回國後向他報告說，亞特蘭提斯的傳說，「刻在現在還保存著的石柱上」。

得到這分報告，克蘭特爾相信亞特蘭提斯是實際存在於北大西洋的地方。過了一段時間，相信亞特蘭提克海就是北大西洋說的信奉者開始增加。就像前面談到過的，這是因爲誤信「亞特蘭提克海」這個字眼而引起的。

隨著大航海時代的來臨，人們的目光轉向西邊世界，開始探索可能是亞特蘭提斯的地點。有人猜測消失的大陸可能在中美洲、北美洲，但是仍然一無所獲。隨著其他大陸的探險，後來探險家又到南非、格陵蘭、錫蘭島去找亞特蘭提斯。

經過這些過程，亞特蘭提斯就在北大西洋的說法，又再度浮上檯面。發現埃及版的亞特蘭提斯地圖的耶穌會會員基爾夏也相信，亞特蘭提斯沈沒在北大西洋，他的說法影響力很大。

因為，當時大家認為他是全世界學問最好的人。但是，他死後（一六八〇年），爭論就開始出現，有人認為亞特蘭提斯是沈沒在海底，已經永遠消失，也有人認為亞特蘭提斯的地點尚無定論，一直抱持著希望。

伊格聶斯夏斯．德尼里（**Ignatius Donnelly**，一八三一～一九〇一年）的著作《亞特蘭提斯：諾亞洪水以前的世界（**Atlantis: The Antediluvian World**）》出現，才讓這個狀況改變。

德尼里在研究亞特蘭提斯中，是個很有才華的人。出生於費城，攻讀法律之後，搬到密尼蘇達，二十八歲的時候，被選爲副州長。後來成爲眾議院議員，在文獻豐富的美國議會圖書館，度過許多時間。

他的腦子裡面，只有兩件事情。在他的著作《偉大的暗號（The Great Cryptogram）》中，認爲莎士比亞的戲曲，真正的作者是法蘭西斯·貝肯。

可是，卻是有關亞特蘭提斯的見解，使他成爲美國受歡迎的演講者。就像基爾夏一樣，德尼里也相信亞特蘭提斯沈沒在北大西洋。他希望當時新發明的潛水艇，可以證明這個事實。

在他的著作中，他認爲柏拉圖有關亞特蘭提斯的記載，是經過長時間的思考，不只是傳說，而是實際的歷史。

此外，他還提出「亞特蘭提斯是強大的世界性殖民政權」這個概念。

「隨著時代的經過，亞特蘭提斯成長爲一個擁有許多人口的強大國家。因爲人口太多，所以不斷向外遷移，在世界各地建立殖民政權。從墨西哥灣沿岸、密西西比河、亞馬遜河、地中海、非洲與歐洲的太平洋岸、波羅的海、一直到黑海、裡海，都有文明社會存在。」

「亞特蘭提斯的殖民地」這個概念，在美國這個自己爭取獨立的國家中，獲得廣泛支持。可是，就算這個想法是正確的，世界各地曾爲殖民地的痕跡，應該在很久以前就消失了，很難找到明確證據吧？

就像人類想要追溯已知的最古老的蘇美文明，都感到困難重重，因爲可以稱爲遺物的東西，都在歷史中灰飛煙滅了。

如果是亞特蘭提斯是個龐大的殖民政權的話，那麼它至少比蘇美文明更古老兩倍，而且遺物不可能耐得過將近一萬二千年的風化作用。德尼里也說：「亞特蘭提斯殖民地中，最古老的東西，恐怕就存留在埃及，埃及文明也許就是亞特蘭提斯文明的重現。」

克里特島就是「消失的樂園」？

J．V．盧傑認為，因為提拉島的火山爆發，使米諾亞文明滅亡的故事，是被誇張的亞特蘭提斯的傳說。

約翰．安東尼．偉斯特與羅伯．夏克博士所確定的人面獅身像建造年代，可以做爲德尼里理論的證據。

德尼里的書，在全美國掀起了一陣亞特蘭提斯熱潮。一八八三年度的紐奧良的「瑪第葛拉」（**告解的星期二，在紐奧良舉行遊行的慶典活動**）活動的主題，甚至就敲定爲「亞特蘭提斯」。德尼里被選爲美國科學振興協會的會員，一直到一八九〇年，他的書創下二十三刷的紀錄，一直到現

在還繼續出版。

德尼里的書出版三年之後，波士頓大學的創辦人威廉・菲爾德・渥倫博士（William F. Warren，一八三三～一九二九年）也出版了《被發現的樂園：人類位於北極的搖籃（Paradise Found: The Cradle of the Human Race at the North Pole）》。

這本書利用比較神話學與當時最新的地質理論，試圖解開有關亞特蘭提斯這個消失樂園的各項疑問。但是，他提倡的地質學概念，最後還是沒有被世人接受。

雖然他的理論比德尼里的理論，更容易理解，他的理論還是漸漸被忽視了。基於樂園以前是位於北極這個信念，渥倫進行範圍很廣的調查，不限於位於北大西洋兩側的大陸。

他檢討從全世界收集來的神話，發現許多神話都與位於極地的樂園有關。所謂消失的樂園，是位於地球偏遠處，一個實際存在的地方，卻遭遇地球規模的災難，受到破壞。他以這種傳統的看法，進行研究。

相對於搭配地質學的理論與比較神話學，發展出來的研究方法而言，在最新的亞特蘭提斯調查中，他選擇了完全不一樣的方法論。這是個搭配文明遭到破壞的考古學證據，以及局部災害襲擊那個區域的地質學要素，來思考問題的局部學派。

偉大的齊一論地質學者查爾斯萊耶（Sir Charles Lyell），在解開亞特蘭提斯之謎的問題上，他的主張已經成爲局部研究的分水嶺，也是第一個提出這個理論的科學家。

《地質學的原理（Principles of Geology）》這本書裡面，他談到分佈在全世界，有關大洪水的故事。他的齊一論觀點如下：「體系的真正起源，雖然是部分發生的，可是，可以在口傳中，被誇張的悲慘災害中發現。這些災害有時候是組合了各種自然的因素而發生的。」

「被誇張的」這個說法，成爲近代研究亞特蘭提斯的關鍵字眼。而且，他認爲亞特蘭提斯的規模，並不是大陸，事實上是比大陸小很多的區域，因此出現了將亞特蘭提斯存在限定在局部的思考方式。

亞瑟．艾文斯在克里特島挖掘到米諾亞文明的遺物九年之後，也就是一九〇九年二月十九日，有一則名為「消失的大陸」的專題報導，刊登在《倫敦時報》的報紙上。

寫這則新聞的，是北愛爾蘭貝爾法斯特的昆斯大學職員K．T．佛列斯特。佛列斯特認為艾邦斯發現的米諾亞遺物，有一些可能顯示著克里特島就是亞特蘭提斯。

佛列斯特在第一次世界大戰中戰死，可是，他的論點在第二次世界大戰爆發前，一直繼續活躍著。

一九三九年，希臘考古學協會的史普林頓．瑪里納特斯教授發表一項說法，認為位於克里特島北方的提拉島，過去曾經發生過火山爆發。

然後，在一九五〇年代與六〇年代，安格雷斯．葛拉諾普羅教授研究出，提拉島爆發的時候，飛散出來的岩石碎片年代，是在紀元前一五〇〇年左右的岩石。這個年代，米諾亞文明正面臨結束的時期，提拉島會不會就是亞特蘭提斯呢？

關於「提拉島／克里特島是亞特蘭提斯」這個理論（在此稱為克里特理論）的重要文獻，出現在愛爾蘭達普林的特里尼地大學（Trinitiy College），教授古典文學與哲學的J．V．盧傑，在一九六九年所寫的《亞特蘭提斯的結束：古老傳說的新亮光（The End of Atlantis: New Light on an Old Legend）》這本書裡。

他認爲，因爲提拉島（Thira Island）的火山爆發，使米諾亞文明滅亡的故事，是被誇張的亞特蘭提斯的傳說。

克里特理論指出柏拉圖的記載，充滿誇張，不能相信。

因此，盧傑認爲，米諾亞文明的所在地克里特島就是傳說中「消失的樂園」。

可是，他的說法與目前存留有關亞特蘭提斯的敘述，有矛盾的地方。根據與柏拉圖談過話的埃及神官所說，亞特蘭提斯比利比亞（北非）與亞細亞（中東）合起來還大。而且，亞特蘭提斯是島大陸，在地中海是無法找到這麼巨大的島的。

此外，根據柏拉圖所說，亞特蘭提斯的位置，位於海力克斯（直布羅陀海峽）之柱的外面，漂浮在「真正的海上」，跟「真正的海」比起來，地中海只不過是個小小的海灣而已。

克里特理論無視太陽與洪水這兩個重要的毀滅要素，年代也不正確，而且，也沒有深入探討一切有關高山的存在或海拔很高等敘述。

也許，米諾亞文明確實是考古學上的一項重大發現，後來因爲提拉島火山爆發而毀滅，可是，要把這件事情跟亞特蘭提斯傳說連在一起，未免太過於勉強了。

等待超文明帝國現身

我們在尋找的，不是消失的古代文明，而是消失的超先進文化。而且，這個文化充滿了連現代人都無法瞭解的科學知識。

一九七九年，麻省理工學院的古典文學與哲學教授哈拉爾德．A．T．萊克出版了《古天文學的語言：亞特蘭提斯神話的線索（The Language of Archaic Astoronomy: A Clue to Atlantis Myth）》這本書。

他在書中，認爲亞特蘭提斯的都市配置，是模仿「南極附近天空的樣子」。他說，首都亞特蘭提斯裡面，排列成好幾層的環，與南半球的星星排列位置相符。萊克認爲柏拉圖對於亞特蘭提斯的敘述，「本來是要做星

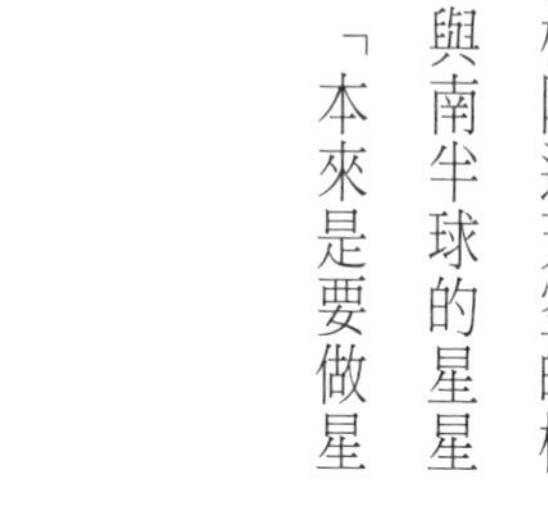

辰圖，後來變形做出來的東西」。

研究者們爲了得到更多提示，不斷推敲柏拉圖的敘述，爲什麼這些努力，都得不到回報呢？

希臘語「亞特蘭提克海」與「海力克斯之柱」這些話，本來的意義與現在是不同的。可是，無視這種差異的結果，就像我們看到的，大家將亞特蘭提斯的位置，限定在北大西洋與地中海來思考。

可是，亞特蘭提斯是漂浮在「真正的海上」，是海洋學者口中所謂的「世界洋」。而且，唯有將我們探索的眼光超越北半球，方才瞭解到地球的歷史，曾遭遇過許多猛烈的改變。

亞特蘭提斯謎團沒有到此結束，只是改變樣貌而已。隨著不斷探索，出現了更加引起我們興趣的疑問，亞特蘭提斯文明到底有多發達？他們的藝術或科學以及習慣，是以什麼樣的形式，來表達他們的希望、夢想、恐懼呢？這些都還是很大的疑問。

只以技術工學的事實爲標準，來判斷疑問的話，亞特蘭提斯人在自然科學上，可說擁有卓越的知識吧！例如，在建設埃及的人面獅身像或的的喀喀湖的太陽廟，亞特蘭提斯人竟能輕易的移動重量超過二百公噸的巨石。也許在這些建築物裡，就潛藏著解開謎團的關鍵。

在艾吉歐比亞（Ethiopia）的石柱，重量超過五百公噸。埃及的魯克索爾（Luxor）有遭到毀壞、象徵拉姆塞斯二世的巨石像，這座石像完整的時候，據說應該重達一千公噸以上。要移動建造人面獅身像寺院時使用的那些巨大石頭，就算是利用今日具備油壓技術的起重機，也很難達成。

一九六〇年代，哈普古德教授在研究某些古代地圖，發現其中意味著一個事實，那就是亞特蘭提斯人在地球活躍的時代，已經畫出了全世界的地圖。對我們現代人而言，進入二十世紀之後，經過調查格陵蘭與南極大陸，才可能做到的事情，他們在一萬多年前就完成了。

可能是亞特蘭提斯人開發出的某種電腦語言，現在仍由南美的愛瑪拉族使用，證據顯示這種語言可以做爲世界語來使用。而且，全世界在紀元前九六〇〇年的時候，突然出現高度發達的農業。這個年代，正是埃及神

官提到的亞特蘭提斯滅亡的時期。

這些跡象顯示，我們在尋找的，不是消失的古代文明，而是消失的超先進文化。而且，這個文化充滿了連現代人都無法瞭解的科學知識，只要發現亞特蘭提斯擁有的科學技術，就可以解開所有的疑問。

哈普古德教授相信亞特蘭提斯被埋在南極冰原，他說：「現在我們能做的，就是想像封閉在冰層下面的藝術作品或建築物，然後加以探索。不管是誰去探索，我們應該要記住，可能在亞特蘭提斯的殘骸中，留下了一些我們難以想像的寶貴遺產。」

但是，現在許多國家已經針對其他的寶物（礦物資源、漁場、特有的實驗環境）等，開始了一些虛虛實實的談判，爭奪南極大陸的所有權。

曾經有信奉哈普古德理論的科學家提出警告：「想要將這塊純淨土地據為己有的國家，必須小心行事。因為，在南極純潔的白色表面下，可能沈睡著包括人類文明各各種生物起源的亞特蘭提斯大陸，可別讓那些以技術為名的粗暴機器去亂搞。」

在南極發現了臭氧層破洞，這可說是地球環境危機，可是，在南極的冰層下，卻可能封住了一座因爲地球環境變動而引起強烈災害，最後遭致毀滅的大陸，這實在是很諷刺的事情。

部分科學家強調：「南極是一塊應許之地，給予我們絕無僅有的機會。面對還棲息在南極的許多生物，也許南極是人類可以用威嚴與感性去接觸的最後一塊地方。南極大陸的研究，不是要像過去進行過的那幾種方式，而是要帶著更多慈悲心去做。」

他們建議把南極當作「國際公園」來開始，這是地球人類全體應負的責任。在推開冰層的工程中，引進最新的技術，使用不會影響到周圍環境的裝置，或許可以在那裡發現以前存在的文明的證據！

這派科學家正引頸期待，等待隱藏在冰下的古代超文明帝國亞特蘭提斯現身。他們相信，過去與未來可以交會，而神話與科學，說不定也有合而爲一的可能性。

地殼移動造成亞特蘭提斯陸沈？

根據哈普古德的理論，一萬一千六百年前發生的造成亞特蘭提斯陸沈的地殼變動，不是瞬間爆發的地殼移動，而是自然發生的事情，是無法避免的狀況。

一九五三年五月八日，喜歡小提琴的天才物理學家愛因斯坦，在位於美國紐澤西州的自家書房裡，寫信給當時在新罕布夏州的大學裡教書的哈普古德教授，信中談到令他感到驚訝的地殼變動學說。

愛因斯坦寫道：「對於你的論點，我相當感動，也覺得你的假設很可能是正確的。在地球的歷史上，應該已經發生過好幾次地殼大變動，而且，都是在短期間內發生的吧！」

愛因斯坦與哈普古德之間的書信往返，即使是在科學史上，也幾乎不太有人知道這段經過。

哈普古德於一九〇四年五月十七日出生於紐約，在哈佛大學及研究所取得學位，畢業後前往德國，在弗萊堡做研究，這個時候，也正是希特勒想要掌權的極盛時期。

第二次世界大戰爆發時，哈普古德回國，在ＯＳＳ（戰略事務局，ＣＩＡ的前身）工作。他不是軍人，他之所以能在ＯＳＳ工作，是因爲他是瞭解納粹德國的百姓。

戰後，他在新罕布夏的金氏州立大學，教授人類學與科學史。

一九五〇年代初期，哈普古德開始提出有關地殼移動的假設。後來，他也一直在研究這個假設。

他與愛因斯坦通過幾封信之後，才見第一次面。身爲人類史上最偉大物理學家的愛因斯坦，相信哈普古德的理論是正確的。

一九五五年一月，愛因斯坦死前幾個月，曾與哈普古德見面，他說：

「在地質學上，地球會緩慢移動的這種想法，有很多部分都只是觀念，必須有實驗得到的資料，來加以證明。」

哈普古德的著作《移動的地殼（Earth's Shifting Crust）》的序言中，愛因斯坦寫下了以下的文字：

「當我們看著過去研究觀察地表，所得到的許多資料，就會瞭解天候的變化是如此突然，而且發生過很多次。根據哈普古德所說，大家以為很堅固的地球最外側的地殼，常常會產生戲劇性的地殼移動，站在這個角度思考，就可以說明天候的突然變化。」

用「地殼移動理論」來探索神秘消失的亞特蘭提斯，以及世界各民族的大洪水傳說，是科學界的新趨勢。

戲劇性的地殼移動，結果會在地表上出現相當重大的變化。地殼移動的時候，地表會發生大地震、大洪水，而且，隨著地殼改變位置，看起來會像天空掉下來一樣。

在地殼移動結束前，太陽每天會從不同的地平線升起，然後沉落；海面下的地震，會造成巨大海嘯湧上海岸線，吞沒沿岸大部分的地區。因爲地殼的移動，有的陸地會轉移到氣候溫暖的地方，而有的地區就會被推到極地圈，受到寒冷氣候的折磨，造成生物大滅絕。

此外，極地圈的冰冠，溶解流出來的水，會使海面上升，所有的生物除了接受這種變化，加以適應，不然就得遷移到別的地方，尋找適合的生活圈，否則就是死路一條了。

距今約一萬一千六百年前（紀元前九六〇〇年），大規模的氣候變化，襲擊地球。大量的冰床溶解，海面迅速上升，結果，大型哺乳類幾乎滅亡。

這時候，亞特蘭提斯消失，南北美大陸突然開始有許多人類居住，而且在全世界形成農業的基礎。這些事件都變成科學家研究的主題，並且極力尋找科學上的證據。

考古學者與人類學者，研究人類如何流入美洲大陸，以及農業的根源；古生物學者與人類學者的焦點，放在大規模的死亡。至於冰床的移動，則是地質學的範圍。雖然每一個範疇，都有各自的難題，但是研究仍然繼續

著，而且在各自的範疇裡堅持獨特的理論，互不相讓。

但是，哈普古德認為，這些問題都來自於同一個根源，這個根源就是地殼的急速移動。根據哈普古德的理論，一萬一千六百年前發生的造成亞特蘭提斯陸沈的地殼變動，不是瞬間爆發的地殼移動，而是自然發生的事情，是無法避免的狀況。

地球的質量，大部分集中在中心區域，固體金屬組成的核心外圍，是由液體金屬所包裹。液體金屬的部分，又被一層更厚的中間層包圍，至於中間層的外側，則是被稱為「脆弱區域」的岩流圈。地殼之所以會移動，就是因為岩流圈的可動性。

支撐著大陸或海盆的岩石圈，是很薄的地層，所有的生物都在這一層上生活。岩石圈分成好幾個板塊，會定期重複移動，火山活動或地震，就是因為這種板塊的移動造成的。

超過一百萬年的期間，板塊持續一點一點的移動，持續分割大陸，形成山脈。這就是大家所知道的板塊構造學說。

板塊構造學說與地殼移動理論，都是以地殼的可動性，作爲學說的起點。兩個理論不具排他性，甚至互相之間是呈互補的關係。

板塊構造學說中，說明了山脈的形成、火山活動、地震等，是要歷經長期的活動。地殼移動理論，則認爲雖然地球的活動是緩慢的，但是，會帶來戲劇性且激烈的地殼變化。這個概念，可以解釋生物的大量死亡、冰河作用、突然出現的農業起源之謎……等等。

板塊構造學說，認爲分開的板塊，各自緩慢移動，而哈普古德提倡的地殼移動理論，則假設所有的板塊是一塊大板塊，一起緩慢的滑動。當這種地殼的移動發生的時候，大陸之間的位置關係，不會產生任何變化，也不會對地軸產生作用。

哈普古德的理論，很可能隱藏著可以解開亞特蘭提斯之謎，以及其他許多問題的關鍵，稱之爲科學革命也不爲過。

地殼移動理論可以解開古文明之謎

地殼整塊急速移動，這個想法可以同時解決地質學、考古學、人類學、古生物學等範疇中，長期以來的謎團，可惜，科學界毫不重視。

在科學史的著作中，最具影響力的《科學革命的構造（The Structure of Scientific Revolution）》一書裡面，作者湯瑪斯．S．昆恩（哲學家、社會學家）談到了科學概念中的大變化特質，嶄新的觀點對過去一直認為無法解釋的難題有所幫助。

當新的觀點引起的議論紛紛告一段落之後，科學家們會開始接觸新觀點提示出來的未知領域。諷刺的是，革命性的嶄新觀點，通常不是被徹底打壓，就是被視若無睹。

例如，達爾文的進化論受到教會以及科學家們的嚴厲批判。哥白尼很聰明，臨死的時候，才發表自己的理論，他很清楚知道，「地球不是天體的中心」這個理論，對當時的世人而言是太激進了。

新的理論，很少會在提倡者還活著的時代就被接受。要到新的時代來臨，人們才會明白新的理論就是一場科學革命。

昆恩自己把科學分成「一般科學」以及處於危機狀況的科學兩種。

所謂的一般科學，指的是鋪橋造路，製造太空梭，發現癌的治療方法……等等，會得到眼睛看得見的結果，這類領域的科學稱爲一般科學。

科學家們想用過去確立的理論，來解決各種問題。

在一般科學中，科學家們在專業教育的栽培下，想把大自然放進既定概念的框架中。

每一個專業領域中，雖然都會碰到一些在自己的領域裡無法說明的問題，並且因而產生新的疑問，可是，科學家們還是想盡辦法把大自然壓進

既定概念裡面。

昆恩把這種想看出真正的問題在哪裡的方法，稱爲paradigm（某個時代或領域中，特殊的科學式認識方法的系統），也就是解開謎團的架構。

不管是在哪一種科學領域中，要適應新的結構，就有如把新的機器放進工廠一樣。

大部分的人很容易會誤以爲，加入新的機器所需要的成本，會高於未來可能帶來的利潤，所以總是說，只要機器沒壞，就不要亂動。

但是，另一條街上的競爭工廠，如果因爲引進新的機器（新的架構），結果提升了生產效率與降低成本的話，與這一行有關的所有工廠，很快的也會引進更進步的機器。

但是，在科學界，我們不能期望這種競爭原理的迅速發展。如果新的paradigm不打破舊paradigm的盲點，科學家們就無法重新檢視舊理論。只要還沒遇到危機狀況，他們就會不斷使用舊工具，即使漸漸失去效力了，還是會一直使用。

哈普古德就藉由地殼移動理論，試圖從全新的觀點，來檢視長久以來不瞭解或一直被漠視的問題。

例如，格陵蘭或南極的冰床，即使到了今天，也還是充滿了地質學上的謎。例如，在擁有最厚冰床的地方，一整年的降雪量卻最少，而擁有最薄冰床的地方，降雪量卻最多。

即使用盡今日地質學上的所有假設，都無法說明這個謎團，也許只有使用新的理論，才能解開這類現象之謎。

同樣的，要解釋紀元前九六〇〇年發生的生物大量滅亡，以及亞特蘭提斯一夜之間消失之謎，過去也發展出許多理論。但是，這些理論都沒辦法像地殼移動說這樣，提出一些讓人能夠接受的假設。

另外，農業的起源也還是一個謎，人類進入南北美洲大陸的問題，也因爲考古學上的任何一個理論，都無法完整而合理解釋，而一直遭到擱置。地殼移動理論，也許可以給這一些疑問帶來一些提示。

研究資金也會影響人對於新的理念所採取的態度。很少有科學家可以

獨力研究科學問題，他們都要有企業、政府或教育機關的支持。許多科學家們只不過是在研究一些大家認爲有可能解決的問題而已，除此之外的問題，可能就拿不到研究資金了。

而且，科學界處於與一般社會隔絕的狀態，成功才是一切。解開長期以來的謎題，是崇高的行爲，可是，如果一般大眾參與了這種用科學解謎的工作，科學界會表現出不愉快。

這類不理性的不愉快的反應，很容易漸漸發展成論爭，結果，新的觀念就只好沉默下去了。

即使有偉大科學家愛因斯坦的熱心推薦，哈普古德的地殼移動理論，還是面對相同的命運。

哈普古德的想法，從來沒有遭到科學界否決過，只不過是對他提倡的說法，沒有任何反應而已。

地殼整塊急速移動，這一個單純的想法，可以同時解決地質學、考古學、人類學、古生物學等範疇中，長期以來解不開的謎團，可惜的是，科學界毫不重視。

藉由開拓新的領域，哈普古德的理論明確指出，科學家們應該投入研究的新的知識領域。

使用地殼移動說，我們去紀元前九六〇〇年的地球旅行，檢視地球表面扭曲的結果，帶來的驚人變化吧！

也去看看當時發生大洪水的證據，藉由這些證據，我們就可以擁有倖存者們所留下的，大洪水以前的記憶。

PART 3.

世界五大文明
源自亞特蘭提斯

仔細歸納世界各民族所流傳的神話故事，

可以訝異地發現，我們這一代人類的文明，

事實上來自同一個源頭，也就是亞特蘭提斯文明。

亞特蘭提斯時代的古代地圖

哈普古德認為，能夠做出這種地圖的民族，一定擁有世界性規模的海洋文明，很可能就是從古希臘時代就流傳至今的亞特蘭提斯文明。

越來越多出土的證據，證明我們並不是地球上第一個擁有文明的生物。唯有接受這項事實，我們才可能解開世界最大謎團之一，也就是亞特蘭提斯文明是否存在。

一九六〇年代中期，哈普古德與金氏州立大學的學生們，開始研究一連串古老卻極爲正確的地圖。這些地圖裡面，很奇妙的畫了中國、南北美、南極的大陸部分。他們研究的結果發現，這些地圖完成的年代，比歐洲探險家製作出的地圖還要早很久。

而且，除了一個重點之外，這些地圖是很完整的。這一個重點，就是相對於地球的兩極，各大陸的位置，與今日的位置不同。從這一點來講，這些古代地圖，畫的一定是最後發生地殼移動前的地球。這時候，北美大陸還在冰下，而南極的三分之一，還沒有被冰封住。

這些地圖古老到連現代的考古學也無法回溯，它們所展現的是這一代人類文明破曉以前的時代，是幾千年以前的地球。

哈普古德認爲，能夠做出這種地圖的民族，一定擁有世界性規模的海洋文明，很可能就是從古希臘時代就流傳至今的亞特蘭提斯文明，希臘的哲學家柏拉圖，曾談及這個文明。

「亞特蘭提斯的傳說，經由埃及的神官，傳說了九千多年。這一個大帝國，在海上遙遠的巨大大陸上繁榮，因爲地震與洪水而受到破壞。」

哈普古德解讀說，柏拉圖相信，亞特蘭提斯是由一個工業技術高度發達的民族形成的。它的首都也叫做亞特蘭提斯，其都市計劃的規模，可以

與現代的倫敦相匹敵。首都亞特蘭提斯裡面的運河交織如網，具有供水與運輸兩種功能。

哈普古德說，柏拉圖還相信，首都亞特蘭提斯是使用從大陸切下來的岩石，製作成同心圓狀的都市。外側的圓，開放給商人們，區域廣大。越往裡面前進，會漸漸出現庭園、競技場、宮殿……等等，而在島的中央部分，建有巨大的寺院。

可是，這座巨大帝國的命運，卻是悲慘的末路。

某一天，天空掉下來了，也就是發生了地殼的急速移動。然後，地震與洪水破壞大陸，最後亞特蘭提斯滅亡了。

亞特蘭提斯滅亡之後出現農業

科學家們驚訝地發現，歷史上進行過最古老的農業實驗的時代，與亞特蘭提斯滅亡的時代是一致的。

紀元前九六〇〇年左右，地震和洪水造成亞特蘭提斯陸地沈沒，因爲巨大的震驚，而失魂落魄的少數倖存者，面對著殘骸遍地，有如經歷一場惡夢，而這場惡夢卻折磨人類長一萬多年。

有一些在海上漂流的亞特蘭提斯人，順著風向與潮流漂向世界各地，來到了未經嚴重破壞，可以作爲棲身之所的環境。

對活下去的執著，以及延續自己文明餘燼的熱情，支持著他們，使他

們能夠繼續漂流、繼續與新的生活環境戰鬥。

但是，未知的將來只給他們飽受打擊的心一些希望而已。他們經歷過的恐懼非常強烈，勝過對明天的恐懼。以前他們那座繁華的大陸之島，現在已經被埋在深不可測裡了。

他們被丟進大海，坐在破爛的船裡面，或是柏拉圖所記載「可以載人飛行的物體」裡航行，他們相信自己是這一場大災難唯一的倖存者，不過，實際上並不是這樣。

還有一群人，與亞特蘭提斯的倖存者一樣，經歷過相同的恐懼，那就是因爲住在高地，而幸運逃過海嘯、洪水之災的人。在山頂的棲身處，害怕得全身發抖的，就是狩獵民族的倖存者。歷經幾千年的生活習慣，卻因爲從海裡來或從天而降的陌生人帶來的革命，而被徹底顛覆，這是這些狩獵民族，想都想不到的事情。

狩獵民族意志堅強，是一群絕對不會輕言放棄的人，只要是可以得到大自然恩惠，他們在任何地方都可以活下去。他們對於祖先留傳下來的生活方法堅信不移，他們過去也有過與自然災害戰鬥的經驗，諸如旱災、風暴、飢荒、以及其他不可預測的事情。

可是，在他們的記憶中，不曾有過這麼恐怖的大災難。那一天，地殼突然快速移動，嚴重破壞了他們已經住習慣的環境，事後他們在滿目瘡痍的避難所裡面，開始摸索新的生活方法。

就在這時候，他們不認識的人來了。大地震怒帶來可怕的災害，那活生生的記憶，以及今後該怎麼過下去的想法，將這兩群人連接在一起。

曾經有過輝煌文明的亞特蘭提斯人，與尚處於蠻荒時代的非亞特蘭提斯人之間發生的糾葛，以及發現除了自己之外，還有人存活的喜悅，都是出乎想像的，畢竟雙方是完全陌生的。

可是，爲了戰勝可能奪走全體生存者性命的惡劣環境，雙方不得不互相合作，於是新一代人類文明誕生了。

第一件要做的事情，就是生產與儲存糧食。根據埃及神官的說詞與石柱上的文獻，知道亞特蘭提斯傳說的柏拉圖，在他最厚的著作《法律篇》

裡面，記載了地球遭到大洪水侵襲之後，最初復興的日子：

雅典人：「你覺不覺得，古時的故事裡面，也包含了一些真實？」

克里尼亞人：「哪一個故事？」

雅典人：「就是人類常常因為大洪水、疾病或其他的災害而滅亡，結果只有極少數的倖存者活下來的故事。」

克里尼亞人：「大家都相信那是真實的事情吧！」

雅典人：「試著想像一下許多災害吧！特別是諾亞洪水時期所發生的那些災害。」

克里尼亞人：「要想像什麼呢？」

雅典人：「想像在滅亡中逃出來的許多人，是住在山上的牧人們，人類僅存的倖存者，落腳在某個山上。」

克里尼亞人：「的確……」

雅典人：「假設在平原或海附近的城市，在當時全部被毀了。」

克里尼亞人：「就這麼假設吧！」

雅典人：「假設在破壞發生的時候，人類處於這樣的狀態下吧！陸地上人居住的地帶，範圍廣闊，動物幾乎都滅亡了。只有少數倖存的牛或山羊，交在這些牧人的手上？」

柏拉圖的記載，是第一次對家畜的出現做出說明。他的理論也許只是假設，農業的起源或動物家畜化的開始，都只是重現亞特蘭提斯從很久以前就已經做過的事情。

不過，科學家們卻驚訝地發現，歷史上進行過最古老的農業實驗的時代，與亞特蘭提斯滅亡的時代是一致的。

亞特蘭提斯人重建農業文明

大洪水來襲，造成亞特蘭提斯文明滅亡，在新的土地上，能夠有眼光，選出可以栽培為農作物的野草的人，恐怕只有亞特蘭提斯的遺族了。

在《法律篇》裡，柏拉圖不根據神話，而是遵循自然的生存法則，導出農業的起源，從這一點，就可以說柏拉圖具有極佳的洞察力。柏拉圖以前的時代，對於農業起源的認知，都只限於諸神的介入。

在世界所有文明裡面的古老神話中，農業都是神所賜予的。雖然因爲不同的神性或地理環境的不同，而有各種不同的傳說，不過歸諸於神的想法，是比較容易的。

柏拉圖提倡的想法，與訴諸於神話的農業起源，成爲強烈的對照。他認爲，「強烈破壞力的地震與洪水」毀滅了上個世代高度發展的亞特蘭提斯文明，然後農業才再度出現。

沒有任何神會突然介入人類，柏拉圖認爲，幸運逃過浩劫的人們利用農業，作爲繼續生存與找回文明的方法。他把焦點放在大洪水之後，那些對抗大自然環境激烈改變的人類身上。

此外，柏拉圖也著眼於過去人類經由初期階段的農業，以及幾種主要的穀物或家畜，以得到食物。

當時，即使是在「全世界穀倉區」的北美大陸，從事農業的人口也非常少。經由這些少數存活的亞特蘭提斯人的努力，以及使用高度進化的特別知識，使狀況爲之一變。爲了提高生產，他們開始改良小麥、米、玉蜀黍等穀物，使得人類從漁獵時代進入農業時代！

他們改良栽培的穀物，連綿數里，取代了以前生長在原地的草木。從樣貌大爲改變的美國大平原，一直到非洲的熱帶草原以及中南美洲叢林，

自然生長出來的植物，都不得不在文明的利器下屈服。

後來，因爲人口不斷增多，人類更拔掉了地球本來擁有的東西，然後在拔走的空地上，塡上自己需要的東西。到了這個階段，人類若不依靠農業，就無法生活下去。

農業的起源，是近代考古學中，非常困難的一個領域。紀元前九六〇〇年左右發生的氣候大變化之後，世界各地突然開始從事農業；爲了說明這個事實，過去曾經出現無數個學說，但每個學說也都因爲無法合理解釋各項疑點而無聲無息的消失了。

到了一八八六年，康德爾（A. de Candolle，一八〇六～九三年）從植物學的觀點來談這個問題。

他說：「要知道栽培植物的地理起源，最直接的方法，就是調查這種植物，在哪個國家是不用藉助人力，自行生長的。」

蘇俄著名的植物學者巴比羅夫（一八八七～一九四一年）在康德爾的方法論中，看出可能性。於是，他花了很長的時間，從全世界收集五萬多種野草，透過這項龐大而又艱鉅的工程，成功指出八個主要栽培植物發生源的地點，並且確認這些地點，都與地球上最高的山脈，有直接的關係。

現代不可或缺的栽培植物，最初生長的地點，是在喜馬拉雅山、興都庫什山脈、中近東、巴爾幹半島、亞平寧山脈等，全都集中在世界最高的山脈區，北緯二十度到四十五度這個區域。

在歐洲、亞洲、非洲，這些區域沿著緯度延伸，在南北美則是沿著經度延伸，兩者都是有大山脈的區域，這一點是一致的。

巴比羅夫也證明了，現代全世界栽培的植物，都是來自於高過海面的山區植物。這項研究結果，也爲柏拉圖提倡的農業起源於高山的重要性，做了最好的證明。

柏拉圖認爲，人類高度發達的農業文明，是從被地震破壞的紀元前九六〇〇年起才開始的。

柏拉圖爲什麼可以那麼正確的推算出時間呢?他提出這個說法的時候，是很久以前的事情，而近代考古學家直到第二次世界大戰後，才推斷出這

個年代的。而且，柏拉圖沒有放射性炭素年代測定法，卻能推斷出正確的時期，不禁讓人感到訝異。

他可能是從那些能夠拿到消失大陸亞特蘭提斯相關文件的埃及神官那裡，獲得大洪水時發生種種事件的知識。

如果柏拉圖說的是對的，那麼我們就不是地球上第一個擁有高度發達的農業技術的文明了。

根據柏拉圖所說，亞特蘭提斯人爲了耕作時灌溉廣大面積的土壤，而建造了精巧的運河系統，似乎說明他們早就有卓越的農業技術。

大洪水來襲，造成亞特蘭提斯文明滅亡，在新的土地上，能夠有眼光，選出可以栽培爲農作物的野草的人，恐怕只有亞特蘭提斯的遺族了。

世界五大文明源自亞特蘭提斯

仔細歸納世界各民族所流傳的神話故事，可以訝異地發現，我們這一代人類的文明，事實上來自同一個源頭，也就是亞特蘭提斯文明。

倖存的亞特蘭提斯遺族們，一邊擔心會不會又有大洪水來襲，把所有的東西都沖走，一邊在即使有洪水襲擊也很安全的高地，開始了新的生活圈，發展自己擁有的技術，這些技術中也包括農業。

當亞特蘭提斯人開始遷移到平野地區的時候，他們與其他尚未脫離蠻荒生活的人類比較起來，也許看起來就像超人類一樣。

除了他們之外，當時的地球人，大概都是過著有一頓沒一頓的日子。

因爲大地的憤怒，使得大地荒廢，也使亞特蘭提斯人迅速地成爲這片荒廢大地的主控者。

最後一批倖存的亞特蘭提斯人與故鄉、傳統完全切斷，也看不見未來的光明。到底該往哪裡去呢？氣候變化，影響的規模大到整個地球，因此，他們的選擇更少。

地殼移動的時候，接近赤道的大陸，氣候開始變熱，而靠近極地的大陸，氣溫則漸漸下降。當然，也有一些地方，沒有受到氣候變化的影響，氣候一點也沒有惡化。

這時，全世界都處於氣候激烈變動期。亞特蘭提斯大陸消失了，倖存的遺族們必須在破碎的地表中前進。他們必須在地球上找到可以抵抗得住氣候激烈變化與海面上升的地方。

他們找到了高地，可是，並不是所有的高地都可以保證安全。在熱帶地區，他們找到了三個符合「氣候穩定」與「高地」這兩個條件的地方。這些地方大約位於新舊兩個赤道的中央，而且，全年日照時間，都跟地殼移動前一樣。

科學家們指出，當我們思考熱帶農業的起源時，這些地方所具有的意義，就更爲重要了。因爲，這三個地方都是位於海拔一五〇〇公尺以上，且位於新舊兩個赤道的中心區域。

一部份遺族來到南美大陸的的喀喀湖近郊，使得農業再度復活。在南北美洲，只有棲息在這個地方的植物與動物，不需要爲了生存而移動，而且地殼移動前後的全年日照時間完全沒有變化。

亞特蘭提斯人在這塊土地上，開始栽培芋頭，將駱馬、土撥鼠當作家畜飼養。在這塊位於遠離海面高度的土地上，亞特蘭提斯人也許想要營造出與過去一樣的文明吧，因而開始湧現出希望。

或許，就是這樣的希望孕育出中南美二大文明。

地殼移動之後，經過一段時間，在地球的另一面，位於泰國的高地，一個名爲斯比里特洞窟中，另一群亞特蘭提斯人開始栽培稻米。南美與東南亞的熱帶農業，幾乎在同一個時期，在地球相反的兩邊開始進行。

而且，紀元前九六〇〇年發生氣候激烈變化之後，這兩個地區的氣候處於穩定狀態這一點，也可以用地殼移動理論做明確的說明。

數千年來，靠著狩獵維持生活的人類，在同一個時期，在位於同一條線上的兩端，開始從事農業，這件事情難道沒有任何外來的因素嗎？是否有「消失的樂園」，也就是亞特蘭提斯的力量介入其中呢？

非洲大陸與其他大陸比較之下，在緯度上的變化比較少，包圍著尼羅河的源流的衣索匹亞高地上，在地殼移動之後，日照時間也沒有變化。因爲，大災害前後，這個區域與赤道的距離並沒有改變，受到的影響很少。

研究衣索匹亞高地的考古學者們，不禁感到驚喜，因爲人類第一次栽培小米，就是在這塊土地上。

這塊地方作爲倖存的亞特蘭提斯人的住所，應該與的的喀喀湖周邊一樣理想。這裡的氣候，幾乎沒有受到地殼移動的影響，一部份亞特蘭提斯人在這裡度過短暫的生活，然後沿尼羅河往下走，最後進入埃及，可能也與埃及文明的發展有關。

埃及文明是世界上最古老文明之一，地殼移動後，與克里特島的米諾亞文明、蘇美文明、印度河文明、黃河文明開始出現雛型，繼而開始蓬勃發展。這些文明在地殼移動前屬於熱帶，在地殼移動後變成溫帶區域。

適應了溫帶氣候的動植物，可以移動到新變成溫帶的區域，於是綠色的草原擴大了，動物追隨而至，土壤開始充滿生氣。

在這塊土地上，山豬、山羊、野牛變成主要的家畜，更重要的是，開始栽培小麥與大麥。從埃及延伸到日本的這塊寬廣的新月型區域的北部，與地殼移動前後，氣候變化沒有很大的區域比鄰。

世界最古老的五大文明，在同樣氣候的土地上繁榮起來，難道僅僅只是一種偶然嗎？

在紀元前九六〇〇年左右，全世界突然開始發展農業，地殼移動理論讓這個謎題，有了合理的解釋。此外，「地殼有時候會產生大變動」的這個理論，讓前進南北美大陸的移民，以及南北半球無法解釋的冰河作用等謎題，都得到圓滿解釋。

對於地殼移動這個想法，愛因斯坦也說：「在有關地表歷史的所有事物中，這是最重要的。」

人類歷史的一部分，被地殼移動破壞，也因此出現了缺塊。但是，仔細歸納世界各民族所流傳的神話故事，也許我們就可以找到那些缺塊，進而訝異地發現，我們這一代人類的文明，事實上來自同一個源頭，也就是亞特蘭提斯文明。

這一類的故事，由許多民族用各種不同的語言訴說著，但是，內容大致上都一樣。內容都是說，天空掉下來了，大洪水吞沒世界，然後，倖存的人展開新的時代。

反覆無常的太陽神話

反覆無常的太陽神話，以變形的方式，訴說著遠古時代地球曾經發生地殼移動，引發地震與大洪水。

有一個美國原住民部落名爲猶他族，儘管現在已經漸漸沒落，但他們正在準備一年一度的慶典「太陽舞」。男女身上穿著用兔毛皮做成的禮服，朝著明亮的火焰聚集而來，然後大家圍成一圈坐著，傳遞著用樹木的果實、蜥蜴、烏龜……等等燉煮成的食物。

儀式開始了，長老站起來，滿佈骨結的手放在用水牛皮做成的斗篷上，孩子們緊張的張大眼睛，深怕漏看到任何東西。

太陽舞開始了，長老開始述說猶他族征服太陽神時的故事。

「很久很久以前，野兔之神塔瓦茲與他的家人，在莊嚴的森林裡面圍著營火，等待著反覆無常的太陽神塔維的遲歸。漫長的時間裡，一直守著火的塔瓦茲，不知不覺間打起盹來了，就在這時候，塔維回來了，因爲太靠近了，他的火不小心燒到塔瓦茲的肩膀。害怕被報復的塔維，因而逃到地底的洞窟裡躲藏。

塔瓦茲醒來之後，氣得全身發抖，下定決心要去塔維那裡報復。經過漫長的旅途與無數的冒險之後，塔瓦茲終於來到塔維藏身的洞窟，很有耐心的持續監視。

終於，等到太陽神一來到外面，塔瓦茲就拿箭對著太陽神的臉射去，可是，箭在射中之前，就被塔維發出的強熱燒光了。

第二枝箭也一樣，第三枝、第四枝，也全都被太陽神的熱燒掉了。最後，塔瓦茲只剩下一枝絕對不會射不到目標的魔法之箭。

拿著魔法之箭，塔瓦茲用箭頭刺進自己的眼睛，用神聖的淚水潔淨這枝箭。然後，用非常快的速度射出這枝魔法之箭，深深的刺進塔維的臉。然後，塔維四分五裂，數千個碎片掉落在地面上，地面上到處都是火舌竄燒，演變成大火災。

野兔之神塔瓦茲想在自己引發的破壞變得更大之前逃走，當他在燃燒的大地上奔跑時，腳先燒起來，然後，身體也燒掉了，手也燒掉了，最後只剩下頭。塔瓦茲的頭滾著滾著，滾下山谷，滾著滾著爬上山前進著。

最後，連頭也開始燒起來了，塔瓦茲的眼睛燒起來，爆炸了，淚水流出來，變成大洪水，漸漸把燃燒的大地吞沒。

太陽神塔維被征服了，因此在諸神的會議上，受到審判。經過長時間的討論，得出的結論是：白天與夜晚、年與季節，各自設定好時間的長度；太陽每天都要在天空繞行，直到設定的時間結束。」

美國猶他州的州名，就是來自猶他族。這一族人在美國西部被列爲好戰民族之一。他們爲了狩獵場的領有權，不斷與科曼切（Comanche）、阿拉巴霍（Arapaho）、奇歐瓦（Kiowa）、夏安（Cheyenne）等族戰鬥。

年輕的戰士們所受的教育，就是攻擊、撤退的時機，以及復仇。大自然擁有強大的力量，足以重挫人類的意志，這些教育混和了斯巴達式的教導，並且讓年輕的戰士瞭解大自然威力的強大。

野兔之神的行動與太陽神的力量，使得這個故事具有超乎神話故事的意義。在這個神話中，訴說著很重要的一些事情，例如，戰士在一場戰鬥中花費的時間，如何形成季節的呢？為什麼太陽在空中，會重複做相同的動作呢？從神話的口傳形成了同樣的世界觀，加強了部族之間的關係。

這個神話也談到在大自然的混沌中，人類有必要建構出秩序。用大自然中的混沌與秩序，來表現戰爭與和平這一類社會性問題。

野兔之神塔瓦茲睡覺的時候，任性而為的太陽來了，燒焦了他的肩膀。塔瓦茲醒來，發誓要向逃走的太陽神報仇，然後，太陽神終於被魔法之箭射中，解放出大自然擁有的爆發力。

太陽爆炸之後，大洪水侵襲全世界，諸神不得不召開會議，訂定季節，規定太陽每天必須在同樣的軌道上運行，直到「時間結束」，於是，世界才恢復了秩序。

我們可以說，反覆無常的太陽神話，正以變形的方式，訴說著遠古時代地球曾經發生地殼移動，引發地震與大洪水。

大地搖動的時候，大爲震驚的人們，感覺就像天空、太陽、星星，都要從天空掉下來一樣！

因爲地殼移動引發的地震，會引起海嘯，湧向毫無防備的海岸線。極地的冰冠溶解，海面不斷上升，對於住在這個時代的人們而言，簡直就是世界末日，但是，對於在大災難後倖存的人而言，來自大自然的破壞，正是形成新世界秩序的第一步。

關於世界末日的神話傳說

海，會把世界的根基融化，河，會切割世界。然後，就像很久以前，島浮在水面上一樣，會擴展到全世界，這就是世界的末日。

德國出生的美國人類學者博厄斯（Franz Boas，一八五八～一九四二年），追溯猶他族的神話根源，來到了加拿大的英屬哥倫比亞。但是太陽神話的根源，沒有在這裡結束，博厄斯甚至還發現了庫特尼族（Kootenay）與歐肯那根族（Okanagan）的關連性。

庫特尼族的生活區域，橫跨英屬哥倫比亞的一部分，一直到亞伯達、華盛頓、愛達華、蒙大拿等廣大區域。就像猶他族一樣，庫特尼族也有向太陽射箭，引起巨大火焰降臨地面的神話。

「土狼嫉妒太陽，日出的時候，對太陽射箭。可是，這枝箭燒起來，掉落下來，燒到地上的草。」

庫特尼族掩飾不了他們內心根深柢固的恐懼，他們認爲當天空失去穩定的時候，也就是世界末日來臨之時。因此，他們每個晚上尋找北極星，如果北極星不在定位的話，就是在宣告世界末日快到了。

庫特尼族的起源，幾乎沒有人知道。捲曲的頭髮、淡黑色的皮膚、淡淡的絡腮鬍子，是他們一般的模樣。在大平原上，與他們比鄰而居的黑腳族（**Black Foot**）爲他們取名爲庫特尼（黑腳族語，意為「白人」）。

博厄斯相信，庫特尼族與住在西部的歐肯那根族，是以神話爲媒介來聯繫的。他指出，歐肯那根族稱庫特尼族爲**skelsa'ulk**，這個字的意思，是「水之人」。

一八八六年，美國著名歷史學者班克勞福（一八三二～一九一八年）談到與消失的樂園之島「撒瑪多米烏拉」有關的歐肯那根的神話：

「很久很久以前，太陽還很年輕，跟星星一樣大的時候，在很遠的海上，有一座島。那座島的名字，叫做撒瑪多米烏拉。意思是『白人之島』。白色巨人們居住在這座島上，統治他們的，是一位叫做斯可瑪爾特的女性，她長的非常高，想要什麼東西，都可以用自己的手做出來。

白色巨人們長期以來，過著和平的生活。可是，有一次，他們之間起了小小的爭執。爭執發展成戰爭，到處都聽到戰爭的聲音，許多人被殺死。斯卡瑪爾特對這個狀況感到憤怒。她把壞巨人們趕到島的另一端，然後，將他們聚集在一起的部分切開，與白人之島分離，讓他們漂流在海上。載著壞巨人的小小島，在海上飄流了好幾天，最後，在這座小島上的巨人們全都死了，只剩下一男一女。

兩人知道島快沈下去了，於是，他們趕緊做了獨木舟。兩個人一起划獨木舟，划了好幾天，來到一片有好幾座小島的海域。兩人繼續向前划，終於來到大陸。」

歐肯那根族與猶他族，每遇到天體有任何變化的時候，就會擔心是不是又有大洪水要來了，擔心也許太陽又要開始不規則運作，天空也許又要掉下來，這樣的恐懼，變成了他們的強迫觀念。

猶他族的神話說：「有人相信，在天空的東西兩方，各有一根白楊樹撐著，只要其中一根腐朽了，天空就會掉下來，所有的人類都會死亡，一個都不剩。」

歐肯那根族也有相同的觀念，認為這將會是世界末日。

他們相信：「海，會把世界的根基融化，河，會切割世界。然後，就像很久以前，島浮在水面上一樣，會擴展到全世界，這就是世界的末日。」

美國原住民的大洪水傳說

卡特族神話的起源，可以回溯到發生地殼移動，約一萬二千年前。從他們的神話中，可以知道大洪水的時候，在加州發生的激烈變化。

住在內華達州西部，以製作美麗裝飾籃子聞名的窩休族，生活圈是在內華達山脈的東側地區。他們人數很少，不足一千人，狩獵之時，除了自己需要的量之外，絕不多殺。

窩休族幾乎不與其他族來往，他們也有以下的神話：「很久很久以前，群山震動，火山爆發，因爲太熱了，天空的星星都融化掉下來了。」

亞利桑納州內，住在沿著西拉河與鹽河峽谷區域的，是阿塔姆族的子孫。他們因為外來的人誤解，曾被兩度取錯名字。

一四九二年，受西班牙之命的義大利探險家來到美國，誤以為那裡是印度，所以，把所有的美國原住民，都稱為「印地安」。

後來，初期的傳教士們，遇到阿塔姆族的時候，想向他們介紹自己的身分，可是，他們拒絕了，用他們的語言，只說了「畢瑪」（意思是不要）這個字。傳教士們以為這個字，就是他們的部落的名字，因此這一次這一族的族名，又變成了「畢瑪」。

事實上，阿塔姆這個字，意思是「人類」。阿塔姆族的歷史中，有一部分訴說著過去覆蓋全地的大洪水神話，這個神話傳說了好幾個世紀。有關洪水的神話，也包括傳教士們手中那本聖經裡面，沒有談到的事情。他們的神話中記載，邪神創造出來的魔性嬰兒，大哭的聲音震撼了大地，並且將世界推入大洪水的恐怖中。

阿塔姆族也瞭解天空是不穩定的。他們檢討了修復的方式，大地的醫師創造出灰色蜘蛛，在天空的各處，張開大蜘蛛網，來支撐天空。可是，

蜘蛛網很容易壞掉，他們總是很擔心，有一天，天空會跟蜘蛛網分開，使大地搖動。這分擔心，總是揮之不去。

一八四九年，為了採金礦，許多人越過洛磯山脈，進入西海岸，闖入卡特族人的生活圈。十年後，在加州西北部的曼德西納郡，發生了三十二個卡特族人，被白人殺害的事件，據說原因是卡特族人們偷了白人的家畜。三十二這個人數，相當於卡特族總人口的百分之六，都被未來敵人突然殺害一樣。卡特族再也無法重新站起來，一直到一九一〇年，全部人口中的九十%都死了。

卡特族神話的起源，可以回溯到發生地殼移動，約一萬二千年前。從他們的神話中，可以知道大洪水的時候，在加州發生的激烈變化。

「天空掉下來，大地看得到的地方，都看不到地表。海水大量湧入，所有的動物都淹死了。」

美國原住民的神話中，記載著四座山，都是位於與大洪水有關的西部。這四座山的位置，都是比鄰而居，全都在海拔一八〇〇公尺以上的高度，大洪水發生的時候，這些地方當然就成爲那些在茫茫大海上漂流的倖存者眼中，最顯著的目標了。

在華盛頓州與奧勒岡州長大的原住民，都認爲自己的祖先，是乘著巨大的獨木舟來的，在貝克山與傑佛遜山登陸。他們也相信，大洪水消滅了地上的罪惡之後，雷尼亞山（Mt. Rainier）成爲獲救者的避難所。

位於加州北部的夏斯塔山，據說它最重要的任務，就是通知大家太陽已經脫離軌道了。在別的神話中，還訴說著夏斯塔山如何拯救遭到大洪水襲擊的祖先們。

與北美大陸正好相反的那一邊，有阿帕拉契山脈。這裡也一樣，流傳著可怕的太陽變化、大洪水以及災難倖存者的故事。

阿帕拉契山脈的南端，是青翠的森林地帶。這裡以前是切洛基族的故鄉。十九世紀初葉，有一位名叫塞克歐亞的切洛基人，爲了寫出部族的語言，創造出字母，於是將部族裡面，口耳相傳下來的許多傳統，以文字的形式保存下來，留下了非常寶貴的遺產。

這些神話中，有一個故事是說，大洪水是太陽女神止不住的淚水。

這個女神討厭人類，詛咒大地，引發大旱災。切洛基族的長老們非常煩惱，向「小人（切洛基族人尊此為神）」求助。

小神告訴他們，切洛基族得救的唯一一條路，就是殺死太陽。爲了殺死太陽，他們準備了魔法之蛇，但是，卻發生了悲劇性的失敗——魔法之蛇咬到的不是太陽女神，而是太陽女神的女兒月亮。

「太陽知道女兒月亮死了，把自己關在家裡，悲傷度日。於是，人們也因此得救，可是，太陽完全不出現，全世界卻被黑暗籠罩。

長老們再度去找『小人』。爲了讓太陽再出來，就必須把女兒還給她。於是，七名男女前往幽靈之國，要把月亮帶回來，可是，在回來的路上，月亮又死了。太陽女神因而大聲哭泣。

太陽女神的淚水越來越多，最後甚至引起洪水，人們很害怕，擔心全世界會不會都被水淹沒了。」

就像猶他族或歐肯那根族一樣，切洛基族也有關於世界末日的預言。

「地球是一個浮在海上的大島，用堅硬的石頭做成的繩子，懸掛在天空的四方。世界變老之後，人們會死亡，繩子會斷裂，地球就會再度沈入海裡，於是，世界就會只剩下海。」

雖然這幾族的人，都住在遠離大海的深山裡面，可是，切洛基族、歐肯那根族都留下與島、洪水有關的神話。

對歐肯那根族來講，這座島是在「遙遠的大海中」；對切洛基族而言，「漂浮在海上的大島」是消失大地的線索。

「在這下面，有另一個世界。那個世界裡面，除了季節之外，動物、植物、人類，都跟我們的完全一樣。」

事實上，有一個與北半球氣候完全不同的島，在南極這個島大陸上，地殼移動前，有些部分並沒有被冰封住。這會是切洛基族或歐卡那根族的神話中，出現的那一座「沈沒之島」嗎？

在中美，也留下許多與消失的島國樂園、大洪水有關的神話，這些神話的巧合之處，難道只是偶然嗎？是不是變形的亞特蘭提斯的故事？

「太陽神的子女」來自亞特蘭提斯？

給的的喀喀湖四周帶來農業基礎的「太陽神兒女」，是在「大洪水之後」到來的。這是不是說明了，「太陽神的子女」事實上就是亞特蘭提斯遺族？

住在南美的原住民，也都有與大洪水有關的神話。例如，住在巴西西北部的伊普利納族，也留下關於洪水的可怕故事。

「很久以前，世界被熱水吞沒。那時候，太陽是沸騰的大鍋子，這個鍋子打翻的時候，才會發生這種事情。」

在秘魯與墨西哥獲得壓倒性勝利的西班牙征服者，下一個目標是智利，一五四一年二月第一代總督巴爾第比亞平定首都聖地牙哥。

六個月後，聖地牙哥遭到智利原住民阿拉烏卡諾族破壞。阿拉烏卡諾族與西班牙人的戰爭，歷經四百年，他們是勇敢善戰的一族，要他們依附在其他族類之下，他們寧願選擇好幾個世紀的戰爭。

但是，他們的過去，也有可怕的記憶：伴隨著火山爆發，引起的地震，又引發了大洪水。

這些原住民一直到現在，只要發生地震，就往高山逃。他們怕的是，地震之後，海水會再度吞沒全世界。

與阿拉烏卡諾族一樣，印加族在太陽顯示出凶兆的時候，也會害怕得發抖。在西班牙年代記中，記載了一五五五年時，他們狼狽的模樣：「一發生日蝕或月蝕，印歐人們就會出現一片大混亂，不斷哭泣或呻吟，以爲世界末日已經來了。」

秘魯著名的歷史學家加爾西拉索（Garcilaso de la Vega），是西班牙征服者與印加的公主所生的孩子。他曾向印加族的舅舅詢問有關自己所屬民族的來源，他問舅舅，的的喀喀湖是怎麼變成他們獨自的文明泉源，他的

舅舅如此說明：

「在古代，這一帶被一片深深的綠意包圍，人們沒有宗教，也沒有政府，身上也沒穿衣服，也不耕作土地，過著像野獸一樣的生活。這時候，太陽之神派遣他的女兒與兒子降臨，賜予人們知識與法律，使人類可以過文明的生活。而且，給予人類在家裡或都市中生活的方法，還教導人類種植玉蜀黍或其他穀類，以及繁殖家畜。他們使人類成爲能夠有效利用大地恩惠的有理性的生物。」

給的的喀喀湖四周帶來農業基礎的「太陽神兒女」，是在「大洪水之後」到來的。換句話說，是由已經擁有農業技術的人，把農業帶到的的喀喀湖四周來的。他們會來到的的喀喀湖，是因爲他們以前居住的國家，遭到大洪水破壞之故。這是不是說明了，「太陽神的子女」事實上就是亞特蘭提斯遺族？

「印加」這個字，意思是「太陽之子」，能夠獲贈這個稱呼的，只有皇帝。爲了保護自己的文明，不會遭到征服者的破壞，印加帝國的國王曼可二世在一五三六年，離開庫司可，帶著當時受傷的三個兒子，逃到安第斯山脈的高地中去。後來，他的三個兒子相繼接受「印加」的稱號，不斷的用血與西班牙侵略者戰爭。

印加國王曼可二世在可以看到烏魯邦巴峽谷（Urubamba）的山頂上，建造自己的宮殿。指揮西班牙軍的皮沙羅（Francisco Pizarro，一四七五～一五四一），絕對無法發現這個秘密基地，對他的部下而言，山頂上宮殿的存在，也一直是一個很大的謎團。想要找尋這個神秘都市的人，是絕對不可能成功的。

在同一個世紀，稍微晚一點的時間，有兩位耶穌會傳教士來到秘魯，一位名叫馬可斯，一位叫迪耶哥，差一點點就可以揭開覆蓋在這個都市上的秘密薄紗了。

馬可斯基於「想要在一個沒有一位聖職者進入過，神的聲音也不曾到達過的地方，探究靈魂的熱情」，驅使他印加帝國。

跟他一起旅行的，是擔負著醫療大使任務的迪耶哥。後來，他博得當

地人民的好感，也成為印加王族喜愛的人物。

他們兩個人在維特可斯近郊，一個叫布奎拉的地方，設立修道院。這時候，他們聽到了印加民族流傳的「太陽的處女們」的故事，深深受到故事內容的吸引。

這個故事講的是關於居住在一個名為「維爾卡曼巴（Vilcabamba）」的美麗都市裡的人。據說，位於山區的這座都市，是控制所有「厭惡」的魔法師們的住處。

兩位傳教士每天不斷勸說印加國王，去尋找秘密都市的場所。終於，印加王同意帶馬可斯與迪耶哥，去隱藏的都市。

他們在山區不斷往上爬，越往上走，空氣就越稀薄，就好像每前進一步，四周的空氣就會消失一樣。印加國王坐在轎子上，搖晃著享受景色，可是，兩位神職人員卻跌跌撞撞的在草木叢生的叢林裡面前進，三天之後，一行人終於來到高聳的山間。

兩位神職人員花了三個禮拜，在一個似乎可以聽到神秘都市的呼吸聲的地方，向當地居民傳教、教導學問。這個地區的居民們，似乎被嚴格禁止進入都市內，那是爲了防止外人知道，在都市裡面所舉行的宗教儀式或儀典，以及建造這座都市的目的。

到了晚上，印加的神官們把美女送到馬可司與迪耶哥身邊，想要破除他們對貞操的誓言。

他們一直到最後，都沒有屈服於誘惑，但是，同時也開始感覺到，他們是絕對無法抵達神秘都市的。這座暗藏著延續本身文明的印加都市，是絕對不會讓西班牙人發現的。

PART 4.

亞特蘭提斯人是美洲原住民的祖先

葛瑪拉根據柏拉圖留下的記錄，

認為阿斯特蘭與亞特蘭提斯是同一個地方。

歷史學家佩特羅．撒爾米安特也根據南美的神話解釋，

做出相同的結論。

試圖綁著太陽的印加石柱

世界各地發現，充滿神秘的巨石遺跡，也許是古代的人，在大洪水之後，想讓太陽保持在固定軌道上的嘗試。

一九一一年，距離馬可司與迪耶哥的時代，有四個世紀之久，美國的歷史探險家海藍賓漢（Hiram Bingham，一八七五～一九五六年）在高山頂上，發現了一個名叫馬丘比丘（Machu Picchu）的印加都市遺跡。

他相信自己發現的都市，就是「維爾卡曼巴」，「太陽的處女們」就在這裡，實現印加王所有的願望。賓漢在馬丘比丘也發現了許多人骨，他將這些人骨送到耶魯大學喬治伊東博士那裡鑑定，結果記載如下：

「完全沒有男性的骨頭，雖然也有可能是神官的骨頭，這一類的男性，骨頭可能感覺比較纖細，不過，這裡大部分都是女性的骨頭。」

印加王爲什麼會建造一個地方，只讓年輕女性居住呢？

這個謎也許可以從美國空軍位於科羅拉多司普林斯的地底深處的設施來推測。這個設施是核戰爆發時的避難所，建造這個基地的目的，是爲了核戰爆發後，重建這個世界時的根據地。

對印加人而言，會造成真正威脅的，並不是核子戰爭，而是大洪水。爲了對抗祖先傳說中的大洪水，他們在距離海面很遙遠的高山頂上建基地。就算大洪水再度侵襲世界，他們也可以在馬丘比丘這種位於高山上的地點，重新繁衍子孫。

《消失的印加都市》（The Lost City of the Incas）這本書裡面，賓漢談到，每逢冬至這一天，神官們都會舉行的儀式；印加的神秘之繩，綁在石柱上，不會偏離太陽在空中行走的軌道。

這個儀式稱爲「印地瓦塔拿」，意思是把太陽跟石柱連接起來，賓漢

推測，也許舉行這個儀式，是爲了防止因地殼移動而發生的大災難。

如果真的是這樣，那麼在世界各地發現，充滿神秘的巨石遺跡，也許是古代的人，在大洪水之後，想讓太陽保持在固定軌道上的嘗試。或許他們會認爲太陽被綁在石柱上，那麼太陽就不會脫離軌道，也就不會發生大洪水，那麼至少未來幾年，保證會是安全的。

讓太陽的行動維持穩定的強迫觀念，也可以在美國西南部的阿那沙吉（**拿巴霍族語的意思是『古老的東西』**）遺跡中找到。拿巴霍族（Nabajo）在斷崖絕壁上建築居所，以圓型建築物及優秀的藝術性聞名。

新墨西哥州的恰克峽谷，有世界聞名的巨石遺跡。三個各二噸重的石板，上面有漩渦狀的岩石雕刻，雕刻的位置，正好可以將夏至、冬至以及春分、秋分時的太陽光線，收納其中。

一九七七年，業餘天文考古學家安娜蘇法發現的這片太陽巨石，具有太陽曆的功能，學界稱之爲「太陽的短劍」。這是因爲，夏至的太陽光線，形成的模樣像一把短劍。

「太陽的短劍」遺跡，功能也許就跟印加用來綁住太陽的那個石柱一樣。如果是這樣的話，那麼「太陽的短劍」就是太陽之繩，是爲了讓太陽不偏離軌道，爲了確認太陽的運作正常而建的。對於那些因爲地殼移動，而在天地變色中倖存的人來講，太陽的異常動作或掉下來的天空，在全世界各地，都是很可怕的事情。

例如，西元四〇〇〇年到一二〇〇年之間，歐洲中部到西部，幾乎所有的區域，都在卡爾特人的統治下。卡爾特人是「不怕地震或大浪，面對危險就拿起武器面對」的勇猛戰士，可是，他們對於「天空掉下來，所有的地方充滿了火與水」這種事情，卻感到非常害怕。

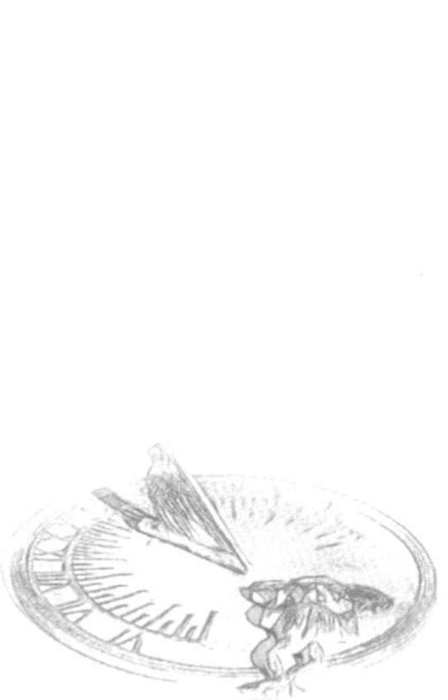

巨石建築物，是為了監視太陽的動作

埃及人害怕著「原始之水」會淹沒全世界，造出了金字塔這種人工山，也許金字塔就象徵著，諾亞洪水時期，倖存的人們逃進去的那座山。

一六四三年，一位冰島的主教，發現了一則有關日耳曼族神話的資料，這項資料比以前發現的都還詳細。

這些神話，是以有通靈體質的女性預言者的咒語開始的。

「太陽變黑，大地沈入海底，天上會落下炎熱的星星……」

地震很可能是淹沒全世界的大規模海嘯的前兆，不是只有住在海邊的人，才會對地震與海嘯感到害怕。現在住在俄羅斯窩瓦河西部區域的少數民族馬利人（Mali），相信大地是由一根巨大的公牛角支撐著的（據說另一根牛角，在諾亞洪水之前就折斷了）。

這隻巨大的公牛，還站在海底大螃蟹的背部，努力保持平衡，公牛的頭只要稍微動一下，就會引起地震。馬利人就生活在擔心恐懼中，深怕只剩一根的牛角如果折斷了，大地將會再度沈入海底。

他們也相信公牛如果把頭往前傾，大地就會滑落，就會引起大地震；如果角往上揚，大地就會在空中高高飛起，這麼一來，天空就會往下掉，最後，大地會掉到海裡，整個地面都會被水吞沒。

古代歐洲崇拜太陽，所以立下許多巨石，在英國索爾斯堡平原上的巨石柱群（Stonehenge），是這類巨石中最有名的。就像在南北美看到的遺跡一樣，古代英國人可能也相信巨石柱群具有防止地殼再度移動的魔法意義，控制太陽的巨石，可以保證地球安全。

夏至的太陽光線，會從排列成馬蹄形的石群開口處進入，馬蹄形本身，就在表現太陽從日出到日落的行動。

從春天到夏天，太陽每天在地平線上出現，都會往北移一點點。到了夏至那一天，就會停止往北方移動。從夏至的第二天開始，太陽每天開始一點一點的往南方移動。

人們對太陽的動作，異常敏感，因爲他們認爲，只要有一點點變化，就會引來大災難。也許爲了避免大災難，住在這裡的神官們，就像馬丘比丘的神官所做的一樣，把太陽光收納在馬蹄形的石群中，把太陽拉住。

現在來看埃及。埃及的金字塔東側那一面，是與夏至太陽日出的方向相同。在埃及的古代文件中，太陽神做了以下的宣告：「我也創造了大洪水之源，那就是水。」

照慣例，太陽是在大洪水的時候，或是因爲大洪水而產生出來的。在埃及神話中，地球是「一開始就存在的水的深淵」裡面的一個小泡泡。

「這片海，與其他的東西似像又不像。普通的海有表面，可是，這裡沒有上面也沒有下面，不管往哪邊去，都沒有盡頭，深不可測。是一片無止盡的黑暗區域。海、河、雨，井裡的水、洪水等帶來的水流，是包圍著全世界的『原始之水』的一部分。」

埃及人害怕著「原始之水」會淹沒全世界，在地殼移動之後，爲了表現出新的太陽的行動，他們造出了金字塔這種人工山，也許金字塔就象徵著，諾亞洪水時期，倖存的人們逃進去的那座山。

建造這些古代建築物的人們，對於在大洪水之後，祖先們拚死保護的這片大地，存著一股敬畏之心。

這一類的神話，在世界各地都有。

太陽脫離過去的軌道，天空要掉下來，大地因爲巨大的地震而崩裂，最後，大洪水吞沒整個世界。歷經浩劫的倖存者們盡所有的努力，想避免這類大災難再度發生。他們還生活在魔法時代，建造精巧結構的設施，勸慰太陽之神（或女神），監視著太陽的軌道，或者說是控制太陽的行動。

許多古代人，把自己稱爲「太陽之子」，會不會有點不可思議呢？後世的人覺得這個稱呼具有威嚴，但也許它本來的意思，只是拚命向兇暴的太陽之神諂媚而已。

太陽是可怕的，沒有任何工具可以把天空擋住，海的狀況也令人無法預料。脫離軌道，行爲反覆無常的太陽，可能就是引發一連串災難，使世界滅亡的關鍵。

「失去的樂園」就是亞特蘭提斯？

蘇美人和海達族的神話與語言，擁有極為密切的關連，而且相當類似亞特蘭提斯傳說。他們所說的「失去的樂園」會不會就是亞特蘭提斯呢？

在加拿大西北岸的海灣上，由一百五十座島嶼，組成了昆夏洛特群島（**Queen Charllote**）。在這個被霧氣包圍，岩石嶙峋的地區，擁有西半球最古老的森林，住著令人深感興趣的海達族（**Haida**）。

海達族擁有基於複雜傳承所流傳下來的禮儀，在「波特拉吉（**Potlatch**，北美印地安的「贈答」儀式）」的儀式中，會用盡自己擁有的財富。

造船專家或熟練的漁夫，會划著大型獨木舟，在太平洋海岸，捕捉鮭

魚或海豹，有時候也會捕到鯨魚。

海達族使用樹木、貝殼、骨頭，製作的工藝品，世界聞名。在他們部落的入口處，有個圖騰柱，上面可怕的表情，表現出他們對藝術的感性。

就像埃及人或希臘人一樣，海達族對房子的安全考量，也是以預防地震爲第一考量。不過，他們更信奉神，神的任務就是要防止大地扭曲，讓天空不要掉下來。

「『站立而動的勝者』支撐著大地，他住在銅製的箱型船裡面。有一根天之柱，從他的胸部往天空延伸，他身體一動，就會地震，這就是地震發生的原因。」

如果神聖的「大地支撐者」，沒有拿好天之柱的話，就會引起大災難，這種情形應該與地殼移動發生的狀況一樣：地震、掉下來的天空，以及覆蓋世界的洪水……。

在考古學家之中，有人認爲海達族是在一萬二千年前，就開始住在昆夏洛特群島了。

海達族相信他們的祖先，在大洪水前，是住在遙遠而美麗的都市裡。

「天上的偉大酋長，決定要處罰這個大村子。首先，他提高河水的水位，全國河川裡的水，立刻滿了出來。人們爬到山上，逃進大獨木舟中。但是，河水還是不斷暴漲，最後只看得到高山山頂（海達族的祖先逃到山頂存活下來）。水退了之後，在放置獨木舟的地方，發現了石錨。」

海達族使用的語言，在美洲大陸的土著語那提聶大語族中，是最古老的語言。根據最近俄羅斯學者做的調查發現，那提聶語與六千年前在現在的伊拉克，建立最古老文明的蘇美人所使用的語言有關。

敘利亞北部，面對幼發拉底河的山上，發現了咸認是與農業有關，全世界最古老的遺物。歷經數千年，這塊地區的人們，靠狩獵取得糧食，可是，就在亞特蘭提斯滅亡的那一個世紀，他們卻突然轉向農業。

在提爾·阿普·芙雷雅這個地方，進行的放射性炭素年代測定的結果，在紀元前九五〇〇年的時候，住在這裡的人，在狩獵的同時，也開始進行農耕。他們將野生的兔子、山羊、牛家畜化，進行撒種的工作。亞特蘭提

斯滅亡後興起的最初文明，約在紀元前三三〇〇年的時候到達巔峰期，也是蘇美文明的開始。

對蘇美人而言，三個神的存在，是非常重要的。

大氣之神安里爾，是神中之神。安里爾具有引起洪水的強大力量，受到最崇高的尊敬與懼怕：「安里爾說的話，會變成風，眼睛無法看見。他的話，變成洪水，無人能抵抗。」

第二位神，是地與水之神安基。根據傳說，他們相信安基在洪水中，拯救了他們。安基聽說安里爾與第三位神阿努（天神），想合力共謀毀滅人類，於是決定在即將來臨的大災難中，把一個男人與他的家人救出來。

安基選上的人，是一位住在提魯姆恩島，名叫吉伍斯德拉，性格溫和的神官。後來，根據巴比倫帝國的神話，安基說的話是：「毀屋造船，放棄一切財產，保住性命吧！把所有的活物，都堆在船裡面。」

「經過七晝夜，洪水繼續吞沒地表，巨大的船被暴風雨捲進大海中。太陽神的光從天上照到地上，吉伍斯德拉在船的側面開了洞，當時，他成了王，在太陽神御前叩拜。」

吉伍斯德拉的箱子船，據說停留在中東某處的山頂上。就像諾亞一樣，他與家人一起，展開新的人生。

一八九九年到一九〇〇年，美國的考古學者團體，挖掘出三萬五千片黏土版。這些黏土版，是古代蘇美都市尼普所遺留下來的，是以文字型態所做的記錄。

也難怪考古學家們會很興奮，這一類的發現，會與文明的起源產生直接的關係。根據黏土版上所說，蘇美文化發祥地是提魯姆恩。提魯姆恩是一座大部分都是山的島嶼，住在這座島上的人，據說幾乎都在安里爾與天神阿努和謀之下，全部毀滅了。

倖存者是搭乘巨大船逃難，把「所有生命之種」裝進這艘船上，飄流到尼普附近的山上。他們抵達的那座「樂園之島」，漂浮在印度洋上，朝南極的方向往南延伸。

昆夏洛特群島，距離太陽照射的伊拉克沙漠，約有繞地球半圈的距離。

即使如此，海達族與蘇美人對自己民族的起源，卻有類似到令人驚訝的故事。海達族的神話說：「很久很久以前，我們的祖先住在全世界最大的村子裡。天上偉大的神，改變天空，用洪水覆蓋全世界以前，我們享受著豐盛的生活。倖存的人，搭乘大獨木舟，逃往新天地，到達山頂。然後，新時代開始了。」

蘇美人的神話則是這樣：「很久很久以前，我們的祖先住在一個叫做提魯姆恩的島上，在天神與洪水之神決定要改變天空，用覆蓋全世界的洪水，毀滅人類以前，我們享受著豐盛的生活。倖存的人搭乘大船，逃向新天地的山裡。然後，新時代開始了。」

很難想像古代蘇美人，會與居住在北美大陸太平沿岸的人有所交流。兩個民族的神話與語言，擁有極爲密切的關連，而且相當類似亞特蘭提斯傳說。而他們所說的「失去的樂園」會不會就是亞特蘭提斯呢？

人面獅身像是亞特蘭提斯人的傑作？

從人面獅身像建好的時代，一直到埃及文明出現以前，這中間有好幾千年的誤差，於是，謎團再度浮現。到底是誰建造人面獅身像呢？

踏上標高四三五〇公尺的安地斯山脈，曲折蜿蜒的道路，想走到的的喀喀湖的人，毫無例外的，會因爲高山的稀薄空氣而氣喘。可是，路上的辛苦，在抵達山頂的湖時，會得到報償。

在這座全世界最高的湖裡面，一直到現在，當地的居民還在湖裡泛舟捕魚，不間斷的風，把湖面吹起漣漪。

印加族認爲他們的祖先，來到這個地方，建立了一座大都市提阿瓦那

哥，都市裡面擁有巨大的太陽神廟。

這座都市使用大量巨石建造，是足以與埃及的金字塔匹敵的建築物。可是，這個都市計劃沒有完成，整個都市的模樣，就好像在某一天，建設突然中止一樣。

波蘭研究家亞瑟．波蘭斯基（一八七四〜一九四六年），是個爲了解開迪阿瓦那可之謎，而奉獻出一生的知名人物。沒有人像波蘭斯基那樣，花了那麼多時間，盡最大努力，專心研究位於的的喀喀湖的提阿瓦那哥遺跡。他的結論是，太陽神廟是約一萬年前建造的。

這個時代，與亞特蘭提斯滅亡的時代，幾乎一致。波蘭斯基強調大洪水的傳說是事實，還留下一段文字，帶著預言的感覺。

他說：「地表上，被刻下巨大變化的痕跡。在今天被厚重冰塊封住的北極圈底下，在拒絕所有人的寂靜中，恐怕隱藏著一個在遙遠時代，曾有許多人居住的地方。」

同樣的話，套用在南極圈也適用。建在提阿瓦那可的中心區域的太陽神廟，它的位置就像要指是出太陽升起的方向一樣。墨西哥或埃及的金字塔事實上也是一樣的。

可是，嚴格來說，它們各自都有若干角度的偏離。古代人倘若有能力在空氣極度稀薄的安地斯山中，建造巨大的建築物的話，那麼想要讓神廟的方位，與夏至太陽升起的方向呈一直線，應該是很簡單的。這是波蘭斯基所下的結論。

他的想法是，神廟在建造當時，是在正確的位置上，可是，經過漫長的時間，地軸緩慢的變化，才變成現在這個樣子；並不是神廟的位置不正確，而是地軸自己移動了。

現在太陽神廟的位置，看起來確實像是古代人弄錯方位了。而且，如果當時神廟就被放在正確的位置上的話，就可以用春分點歲差爲基準，推定神廟的建設時代。

太陽或月亮的引力，會使地球的地軸，產生環繞著鉛直線四周的歲差運動。藉由歲差運動，移動春分點。地球以二萬六千年的週期，進行歲差

運動，因此，就可以根據歲差運動，推定時代。

波蘭斯基的結論是：「在一萬多年以前，神廟的位置都是正確的。」

考古學家認為波蘭斯基的想法只是幻想。從他們的觀點來看，那麼久以前，就有文明社會存在，這個假設就已經太勉強了，況且波蘭斯基提倡的論點，是比最古老的文明蘇美文明還要早四千年以上。他的研究，漸漸受到忽視，別的科學家，也不承認他算出來的年代。

可是，最近科學家突然注意到，波蘭斯基所推算出來的年代，極有可能就是太陽神廟被建在的喀喀湖的時代。最關鍵的因素是，因為科學家推論出人面獅身像的建造年代了。

為了推斷出人面獅身像建造的年代，科學家使用了兩種方法。一個是分析現有物證的風化狀況，另一個方法就是波蘭斯基也用過的，就是運用歲差運動的特性。

在一九四〇年代，法國學者魯比其第一個提出「人面獅身像可能是在埃及文明以前就建造好的」這種想法。

在他的著作《神聖的科學（Sacred Science）》中，他提到人面獅身像身上，有遭到大規模的洪水侵蝕的痕跡。人面獅身像站立的地方，是沙漠的正中央，是很少下雨的區域，這是任何人都知道的事情。

一九七二年，美籍作家，也是埃及研究家約翰・安東尼・偉斯特（John Antony West），注意到魯比其的見解，也在自己的著作《空中的大蛇：古代埃及的睿智（Serpent in the Sky: The High Wisdom of Ancient Egypt）》中提出相同的看法。

說人面獅身像可能是在埃及文明以前建造的，這種說法太過激進，是埃及學者連想都沒想到的事情，因此對於偉斯特的學說，他們不出面爭論，他們選擇沉默。

偉斯特更進一步從事研究，到了一九八〇年後期，他對著名的地質學家，波斯頓大學的羅伯・M・夏克的研究，非常有興趣。

夏克是個好奇心旺盛的人，隨即與偉斯特一起飛往埃及，親眼確認人面獅身像的風化作用。

調查的結果，夏克確認刻劃在人面獅身像上面的降雨痕跡，是埃及被沙漠包圍前幾千年前留下來的。

夏克指出，風的侵蝕，會使堆積物之層，留下尖銳的直線痕跡，可是，刻劃在人面獅身像上的痕跡，卻是帶著圓形的溝。這類痕跡，是遭到水侵蝕的代表性痕跡。

因此，夏克推斷這座偉大的紀念碑，一定是在紀元前五千多年以前的雨期建造的，也許是在更早以前的時代，就已經完成了。

從人面獅身像建好的時代，一直到埃及文明出現以前，這中間有好幾千年的誤差，於是，謎團再度浮現。

到底是誰建造人面獅身像呢？

一九九一年一〇月二三日，夏克在美國地質學會，發表了自己的分析結果。他提出的資料，立刻被接受。夏克與偉斯特的研究，開始將人類歷史的時鐘，往回轉了幾千年。

一九九二年，他們在美國的科學振興協會，也獲得發表的機會。也得到這裡的地質學家們的支持，可是，埃及學的專家們，還是無法接受「人面獅身像」，是在那麼久遠的年代裡，就被建造出來這項「事實」。

就他們的立場來看，是不可能會有這項「事實」的。就像某位埃及學者所說的，因爲夏克與偉斯特的說法，使得「有關古代埃及的所有知識基礎，全部崩潰了」。

一九九三年秋以及第二年夏季，偉斯特在電視媒體上，透過「人面獅身像之謎（The Mystery of the Sphinx）」，向美國全地，發表自己的想法，別人再也無法忽視他提倡的理論。

使用超過一百八十噸的石材，所建造的人面獅身像，以及建造在人面獅身像前面那座壯麗的寺院，都證明了那是消失的古代先進文明。

一九九四年，羅伯·波巴爾與愛德里安·基爾巴特寫的書《The Orion Mystery》中，發表了新的驚人理論。

他們發現，埃及的金字塔位置，是模仿紀元前一萬零四百五十年時，獅子座的星座位置。

獅子座代表的，是一位繫著星星皮帶，在天空昂首闊步的巨神星座，位於銀河附近。埃及人眼中，銀河就像是天空中無邊無涯的大河一樣，天空有銀河，地上有尼羅河。位於吉沙的三座金字塔，則標示著巨神獅子皮帶上的三顆星的位置。

波巴爾與基爾巴特使用歲差天文學的方法，算出金字塔是在紀元前二四五〇年的時候建設完成的。可是，出乎預料之外的是，三座金字塔的位置所標示出的，卻是更久遠以前，是紀元前一萬零四百五十年當時的獅子座帶子上的三顆星。

他們下了一個結論，認爲那個時代，正是古代埃及人所說的「第一王朝」。在埃及神話中的「第一王朝」，是神將智慧與法律，賜給初期的王們，好讓他們治理埃及。

人面獅身像也是，可能實際上就是在第一王朝的時代建造成的。但是，也可能是紀元前一萬零四百五十年之後，要進行的大規模建設計劃的遺物。

波巴爾與基爾巴特的發現，再加上偉斯特與夏克的研究，很可能隱藏在金字塔下面，更加古老的建築物，是與人面獅身像有關連的。

現在地質學與天文學兩門科學，已經將人類的文明歷史，推回到比現在所知道的，更加遙遠的古代了。

波巴爾與基爾巴特從天文學的看法，導出的結論，運用在位於的的喀喀湖的太陽廟的年代測定上，也可以成立相同的假設。

波蘭斯基相信以前曾有高度發達的文明存在過的假設，這個超高文明會是傳說中的亞特蘭提斯文明嗎？

到底是誰建造了人面獅身像或是太陽神廟呢？會是擁有高科技的亞特蘭提斯人嗎？

亞特蘭提斯人是美洲原住民的祖先？

葛瑪拉根據柏拉圖留下的記錄，認為阿斯特蘭與亞特蘭提斯是同一個地方。歷史學家佩特羅·撒爾米安特也根據南美的神話解釋，做出相同的結論。

現在還居住在的的喀喀湖岸的愛瑪拉族，是很驕傲的民族，二百五十多萬人，說著愛瑪拉語，飼養駝馬，在湖岸種植芋頭。

他們頑固承襲祖先們持續了幾千年的生活模式，就連強大的印加帝國，據說在太陽崇拜的習慣、農業技術，以及駝馬的家畜化等方面，都受到愛瑪拉族的影響。

愛瑪拉族有一些傳說，是有關大洪水之後，在的的喀喀湖發生的一些奇妙的事情，內容大致有一些陌生人，想在湖上建設巨大的城市。

初期來訪的西班牙人，聽到的愛瑪拉神話中，曾提到他們的祖先想盡辦法渡過的的喀喀湖，然後引發戰爭，殺死了所有的人民。

這些神話似乎暗示，這些倖存者們經過漫長的漂流。逃過地殼移動所帶來的破壞，結果卻遭到滅亡的命運。不是因爲大自然的力量，而是因爲同爲人類的箭與槍，而遭到滅絕。

愛瑪拉族因爲某種不明原因，對外來者發動叛亂。是因爲外來者強迫愛瑪拉族，進行建築大都市提阿瓦那哥工作嗎？或是他們察覺到這些陌生人根本不是「太陽神的子女」嗎？對假借神意的人奉獻勞力，違背了愛瑪拉族的尊嚴嗎？

愛瑪拉族不只有蘆葦叢生的的的喀喀湖四周的神話，科學家用電腦分析愛瑪拉族的語言，還發現了驚人的秘密。

一九八四年，波利維亞的數學家伊凡．葛斯曼．羅哈斯發現，將英語翻譯成其他幾國語言時，愛瑪拉語可以當作中間語言來使用，他利用這項

特質，開發了軟體。葛斯曼開發的「阿達米里（愛瑪拉語是「口譯」的意思）」，爲了運用在商業上，由王安研究室（Wang Laboratories）協助，在巴拿馬運河委員會做測試。

歐洲十一所大學的專家，使用處理速度很快的電腦，都沒辦法完成的事情，爲什麼葛斯曼用簡單功能的個人電腦，就可以完成了呢？

他的系統，一舉解決了困擾全世界翻譯機專家們的問題。秘密就在於愛瑪拉語的構造，有著最適於變化成電腦裡面的演算處理系統的優點，理想、精密、理性，沒有任何曖昧模糊之處。

愛瑪拉語是嚴格而單純的語言，這意味著，統語法則管理著語言，另外，也可以很簡單的，轉換成電腦可以判讀的代數式速記。甚至有歷史學者認爲，愛瑪拉語不是像其他的語言那樣，只是「發展」出來的東西，而是從一點點開端，就「開發」出來的語言。

愛瑪拉族也是生產性很高的農民。但是，他們不可能利用閒暇，去開發自己的語言吧？語言的發展，應該是擁有更進化文明民族的產物。

例如，擁有可以建設太陽神廟或人面獅身像等技術的人。把這種極爲正確，很有文法體系，且能夠應用在現代最先進技術上的純粹語言，教給愛瑪拉族的，是消失樂園之島的倖存者嗎？

研究愛瑪拉的神話，仔細檢查過太陽神廟的遺跡之後，亞瑟波蘭斯基的結論是，最初居住在的的喀喀湖的都市提阿瓦那哥的人，就是來自加茲特克（Azteca）傳說中消失樂園「阿斯特蘭（Astlan）」的人。

一五一九年四月二一日，在墨西哥的卡普里沿岸，軍靴踩著沙灘的聲音，與刀劍的聲音，劃破寂靜。來自西班牙滿臉鬍子的征服者海南特．可爾提斯（Hernan Cortes，一四八五～一五四七）從船上走下來。

同一天，受到幸運之神眷顧的可爾提斯，開始屠殺，將加茲特克帝國逼到滅亡的地步。

西班牙征服者們，認爲墨西哥以前是埃及的殖民地。這也難怪，因爲加茲特克有好幾則與埃及共通的神話。

埃及人相信水曾經覆蓋整個地球，包括天空在內。在加茲特克的神話

中，則有以下的故事：「海往外側、往上方延伸，一直到天空，超乎想像的大，就像房子的牆壁一樣。天空含著水，在危險的時代，發生洪水，是爲了讓人類滅亡。」

在加茲特克帝國，就像埃及人建立起來的帝國那樣，建設了很多金字塔，象徵著拯救祖先擺脫洪水的土地。另外，就像埃及看到的一樣，太陽巨石的排列方式，也與地平線升起的太陽呈一直線。

可爾提斯與阿斯蒂加最後一任國王孟提斯瑪，就在太陽廟屋頂見面。

可爾提斯將當時見面的內容，寫在呈給西班牙國王的信裡。孟提斯瑪向可爾提斯談到有關加茲特克的祖先：「我們的祖先，在阿斯特蘭這個地方，享受著非常繁榮的生活。『阿斯特蘭』這個字，是白色的意思。」

他如此描述阿斯特蘭這個地方：「包圍著聖山的七座城市，總是充滿耀眼光芒的地方。」

阿斯特蘭在水上，也就是被水包圍的一塊地，第一個入住這塊土地的人，據說是駕船來到這裡的。而且，這裡也有在別處聽過的那種故事。

「只有庫克斯與他的妻子，在洪水中倖存下來。他們兩人的肖像，與浮在山麓水面上的船一起，畫成古代的繪畫。」

可爾提斯的秘書兼紀錄者，法蘭西斯・羅貝斯・葛瑪拉也留下有關阿斯特蘭的紀錄。他一五五二年出版的著作《Historia General de la Indies》中，記載著加茲特克人的發祥地，是漂浮在海上的白色島嶼「阿斯特蘭」。

葛瑪拉根據柏拉圖留下的紀錄，認爲阿斯特蘭與亞特蘭提斯是同一個地方。一五二七年，歷史學家佩特羅・撒爾米安特也根據南美的神話解釋，做出相同的結論。後來，大家廣泛相信，亞特蘭提斯是居住在美洲大陸的原住民的故鄉。

冰河期使樂園消失了

人們只把前人留下來的話語，當作神話。於是很久以前發生的世界性災難，以及同時發生的神秘天空移動事件，都以曖昧的形式，保存在這些神話中。

關於消失的樂園的神話，對美洲大陸的原住民而言，是可怕的記憶。可是，爲消失的大地而悲傷的人，並不只有他們。越過大海，相同的故事流傳在印度、伊朗、伊拉克、甚至日本。

一九二二年，被判處以六年徒刑的瑪哈特瑪．甘地，向法官這麼說：「你讓我在這個法庭裡，想起已故的羅卡瑪雅：甘卡達．迪拉克的審判。我認爲這個審判，給了我無上的驕傲，我想說的是，把我與他相提並論，我感到非常光榮。」

巴爾．甘卡達．迪拉克，是以無抵抗主義的戰術，顛覆英國對印度統治的人物。「羅卡瑪雅」的意思是「民眾敬愛的領導者」。

一八九七年，他因爲出版反政府的書籍，而被捕入獄。英國想要鎮壓當時興起的印度民族主義，想要降低他的角色重要性。

龐貝監獄的惡劣環境，迪拉克的健康狀況越來越不好，英國怕他死在監獄裡，引起大眾的恐慌，於是，將這位「民眾敬愛的領導者」移送到安全的普南刑務所。

因爲景仰他的人，送來的水果、蔬菜，使迪拉克的健康狀態轉好。

可是，立刻又有別種飢渴折磨著他，那就是求知的渴望。而援助他的求知慾的，卻是從一個出人意料之外的地方送來，那就是英國本國。

迪拉克在英國發表了有關印度最古老文件「維達」的著作，獲得很高的評價。牛津或劍橋的梵語學者們，獲知迪拉克身陷獄中，以及他所受到的非人道待遇，表示憤怒。

舉世聞名，研究「維達」的權威F．馬克斯．謬拉教授（Friedrich Max Muller），直接去找維多利亞女王，希望重新處理迪拉克的事情，也獲得了成果。迪拉克的刑期被縮短，還讓他在單獨監禁的牢房中，有了可以讀書的照明。雖然禁止他閱讀新聞或其他時事的刊物，然而，他也因此再度埋首研究「維達」。

獲得釋放之後，迪拉克隱居於家人都很喜歡的一處山間避暑地。一九〇三年，出版了《維達所描述出的北極地方的故鄉（The Arctic Home in the Vedas）》。在這本書裡面，他認爲可能可以在北極海下面，發現遺失樂園之島的遺物。

「人們居住的地方，本來是溫暖的氣候，後來遭到破壞，被冰封的大陸，不適合人類生活。這一切，皆肇因於冰河期的到來。」

迪拉克將寫在伊朗最古老的故事「山德．阿貝斯達」中的敘述，如下做了簡單的介紹：「阿夫拉．馬茲達向人類第一位王雅伊瑪提出警告，他說嚴寒的冬天就要來了。嚴寒的冬天一來，陸地就會被厚重的冰封住，生物都會滅亡。阿夫拉．馬茲達爲雅伊瑪做了維拉（圍牆的意思），指示他在這裡，保存所有動植物的種。據說他們是在伊朗的樂園耶亞那．瓦耶喬見面的。」

迪拉克看完波斯頓大學創校者威廉．非亞非爾德．渥倫博士，在一八八五年寫的《被發現的樂園：人類位於北極的搖籃（**Paradise Found: The Cradle of the Human Race at the North Pole**）》這本書之後，得到結論認爲，耶亞那．瓦耶喬大陸，是位於北極圈。

渥倫博士許多有關消失樂園之島的敘述，是配合掉下來的天空，以及大洪水的故事來說的，而且，他發現消失的大地，顯示出許多極地的特徵。根據渥倫博士的看法，分佈在全世界的這些敘述，都顯示出一個自然現象，有關冰河期的見解，說明他一部分的結論。

「如果，大洪水發生的當時或之後，倖存者爲了即將來到的冰河期，將居住地從極地轉移到很可能是洪水之後，人類歷史出發點的中亞帕米爾高原的話，從新的居住地看到的景觀，在世界性規模的強烈震動中，天空

與地平線的距離，約傾斜了三分之一，看起來就像天空自己會動一樣。倖存者們很可能可以用他們擁有的天文學知識，來理解景觀差異的真正理由。

可是，他們的子孫抱著極度無禮的態度，輕視諾亞洪水以前的科學知識，置身於不適合居住的新土地上，過著野蠻的生活，遺忘了解開事情現象的方法。於是，這些人的子孫，以及後來的世世代代，人們只把前人留下來的話語，當作神話。

於是，很久以前發生的世界性災難，以及同時發生的神秘天空移動事件，都以曖昧的形式，保存在這些神話中。」

被封冰在極地的樂園之島

南極這一座還沒有被完全探險完的大陸，也許就是全世界的神話裡面出現過的消失樂園。

渥倫博士推測，樂園之島的神話，以及其中包含的掉落的天空與吞沒全世界的大洪水故事，是在大規模的地質變化中，失去故鄉大地的人們，實際歷史的一部分。

當他查閱古代紀律，總是會出現消失的大地，位於極地附近的證據。

例如，西元六八一年，日本的天武天皇命令全國記憶力最好的男子稗田阿禮，要他口述筆記最古老的神話。稗田阿禮是口述部門最受尊敬的人

物，天皇下令的這分工作，使他感到很光榮。記錄者是太安万侶，他盡全力將稗田阿禮口述的每一個字寫下來。

他們兩個人一起工作，在七一二年完成了《古事記》這本書。渥倫博士相信，在這本書開頭部分的敘述，談到了位於地軸附近，那一片應該稱爲人類故鄉的土地。

《古事記》開始於「神的時代的七個家庭」，一個家庭，由兄弟姊妹組成。兄弟姊妹組成的七個家庭，全部創造出來之後，另外兩位神，伊耶那岐以及他的妻子，也是他的姊妹伊耶那美，誕生於這個世界。他們的任務，是從像稀飯般混沌的原始地球裡面，創造出世界。

以下是渥倫博士歸納出來，兩位天空之神，創造出最初世界的瞬間。

「站在天之橋上，槍插在一片綠色的大海上。那枝槍攪動著海，攪動好幾次。兩位神把槍拔起來，然後，滴下來的水滴，變成了島。他們於是降落在完成的島上，刀尖朝下，把槍刺向大地，當作支架，立在中央，四周建造宮殿。這枝槍變成地軸，攪動的時候，就會旋轉。」

渥倫博士下了結論，認爲日本神話中的石殷馭慮島（堅固的水滴之島），就在極地附近。

根據他的看法，位於中央的「支架」，代表地軸；在島上建造宮殿的部分，則是與亞特蘭提斯有關的傳說中，常常出現的敘述。

可是，爲什麼人們會住在不適合居住的極地呢？渥倫博士認爲，當時的地球，比現在還要溫暖，是到最近溫度才下降的。熱，是發自地球內部，甚至生物想在熱帶或溫帶性氣候的地上生長，都太熱了。在當時的地球，只有極地才具有適合人類居住的環境。

渥倫博士也認爲，氣溫急速下降，引起世界性規模的地質變化，破壞了極地的樂園。

地球內部的大部分容量，被帶往更裡面，因此才會有部分地表陷落。沈下的部分，被海水塡滿，整個地球開始變冷，本來位於極地的樂園，就被封在冰雪之下了。

因爲渥倫博士認爲，整座樂園之島，都沈沒在極地的海中，所以，排

除了南極是樂園之島的可能性。南極大陸現在依然還是以大陸的形式存在，就是這個原因。相對的，他注意到北極海，對他來講，這個區域才是「地球的臍帶」。

研究古代文化的人，對於在所有的古代文學中，都會遇到「地球的臍帶」這個表現手法，往往都會感到驚訝。如果，他們注意到，許多的古代神話，可能與人類的搖籃，以及地球的臍帶有關連的話，應該會發現更多無法說明的東西。

因為，許多被認為「這正是伊甸園」的地方，都沒有一些可以談及某些地球的自然的中心與人類發祥地等奇妙組合的東西。

渥倫博士相信，「地球的臍帶」指的就是地軸。他畫出來的消失樂園的地圖，是以從北極看地球的形式畫的。

如果渥倫博士不是持續這麼在意北極地區的話，若是往反方向，也就是南方看的話，南極大陸會以更自然的形式，看起來更像「地球的臍帶」。看到美國海軍由南方看世界的形式，所畫出來的世界地圖，就可以瞭解了。

就像加拿大歐肯那根族的神話一樣，南極位於「海的正中央」。就像加茲特克族的雅斯特蘭一樣，南極是「白色的」。就像伊朗消失的樂園一樣，是「被厚重的冰覆蓋住的」。也像日本神話中，出現的「最初之島」一樣，位於最靠近地球端點的地方。

這一座還沒有被完全探險完的大陸，也許就是全世界的神話裡面出現過的消失樂園。

但是，人類一開始是怎麼到達南極的？又怎麼會把南極遺忘的呢？

PART 5.

破壞循環造成
亞特蘭提斯滅亡

深遠的破壞週期，是生物大量滅亡的原因。
科學家們想要解開紀元前九六〇〇年左右，
所發生的「亞特蘭提斯的滅亡」之謎，
有必要做詳細的調查。

地殼移動引發毀滅性的大災難

人類在大災害之後再度繁殖人口，在某個固定區域內生活，以前居住的地方，已經被水淹沒，現在都沈沒在海底了，只有少數人類成功繁殖了自己的子孫。

一七九九年夏天，通古斯族族長歐希普西蒙可夫，在西伯利亞的無人之地尋找象牙，卻找到了體毛與肌肉組織都很完整，被冰包住的長毛象屍體。可夫非常害怕自己發現的東西。

根據通古斯族古老傳說，發現長毛象的人，立刻就會死亡。就像傳說中一樣，他過了不久，身體狀況就變得很不好。可是，他的恐懼只是杞人憂天，他後來身體好了，連他自己都很驚訝。

身體復原之後，他又有了勇氣。這一次，與幾位俄羅斯科學家一起，再度回到發現長毛象的現場。

科學家們本來以爲那只是西蒙可夫的幻想，但是，親眼看到之後，科學家們無法掩飾那股興奮，把屍體搬運到桑克特佩提爾斯堡。一直到現在，我們都可以看到這隻長毛象的屍體。緊接著，科學家們也在北極海上的新西伯利亞群島，不斷發現巨大哺乳類的屍體。

這使科學界感到困惑，像長毛象這類大型動物，每天光要活下去，就需要攝取大量的植物，他們如何在冰天雪地中生存呢？而且，爲什麼這裡會有這麼多的大型動物屍體，到底是什麼樣的力量，使牠們滅亡的呢？

第一個開始研究這些難題的，是一位著名的法國博物學者喬治加比耶（一七六九～一八三二年）。當時加比耶，在挖掘組合一些咸認爲是史前時代的象骨，已經引起一陣轟動了。

然而，這只是加比耶一生中，完成的豐功偉業中的一小部分而已。三十幾歲以前，他已經成爲足以代表那個時代的科學家了，他從事的工作，

在所有的自然科學領域中，明確指示出新的方向。

加比耶的特殊才華，以及他令人驚訝的許多發現，引起人們的興趣。時髦的人們茶餘飯後總愛談論他的故事，以下就是其中一個故事。

某一天晚上，夜很深了，加比耶的學生想對他惡作劇。那位學生披著紅色斗篷，頭上裝了假角，腳上裝了蹄，闖進加比耶的客廳，想要讓加比耶誤以為惡魔出現了。這位學生一邊喊著：「我要吃掉博學的科學家！」一邊闖進屋裡。

加比耶當時已經睡著了，他被吵醒，用手肘支著身體，注視著出現在眼前的奇怪生物。過了一會兒，他這麼說：「你長著角，還有蹄。這麼說，你應該是草食性動物吧？你應該不會吃人才對！」

加比耶的研究室，整理得非常整齊，一絲不亂，很少有人可以獲准進入。他長時間研究西伯利亞出土的古代生物遺骨之謎，也研究許多令人想不透的疑問。漸漸的，他得出一個想法，那就是曾經有空前絕後的大規模災害，襲擊過地球。

人類在大災害之後，再度繁殖人口，在某個固定區域內生活，這些以前居住的地方，已經被水淹沒，現在都沈沒在海底了，只有少數人類，成功繁殖了自己的子孫。

西伯利亞荒涼地區，意外發現巨大哺乳類動物，大大刺激了加比耶的天賦才華，指出地球過去曾遭受過突然發生的天地變異。

加比耶說：「海水歷經數次戲劇性的增減，絕對不是分階段發生的，大部分的災害都是突然發生的，特別是最後發生的大災害，我們甚至有證據，可以證明是突然發生的。在北方，突然發生的大災難，使大型動物的屍體，形狀完整的被封在冰裡面。」

他指出，如果不是死亡當時就立刻凍結的話，屍體可能在一開始的階段就腐敗分解了。可是，這些生物棲息的地區，有永久凍土的存在，所以，唯一的可能就是凍土本身，造成這些生物滅亡。基於這個理由，他認爲變化一定是急速產生的。

過去發生大災害時，產生的地層變化，都顯示出每一次的災害，都是

急速而大規模的。

另外，在堅硬的地層發現的堆積物塊或圓滑的石頭，則表示曾有過大量的水流，因此，地上的生物，就不得不面對環境的激烈變化。

初期，這些都給地殼深部，帶來很大的變化，可是，初期的大變化停止之後，規模小而深度淺的變化還是在持續著。

加比耶發表自己的論點之後，地質學家與教會之間，對於大災難會帶給地球歷史的影響，引起了徹底的爭論。雖然他們尊重加比耶，可是，他的地殼移動理論，還是無法讓當時的科學界接受。

當時，「神」這個超自然的力量，可以隨自己的意思，改變大自然的法則，這是世人普遍的想法。另外，部分狂熱宗教分子也很難忍受加比耶的理論。他們對於加比耶提到的地震或洪水的部分，舉雙手贊成，可是，卻不能接受這些災難是在比聖經時代還久遠以前發生的。

於是，加比耶主張因爲地殼的移動，引起生物大量死亡的觀念，遭到狂熱宗教界與守舊派科學家否定。

但是，有一個人以加比耶的研究作爲基礎，繼續發展。這個人所做的研究，變成現今的主流概念，也就是「冰河期」的概念。

身兼博物學家與地質學家的路易阿葛西（Jean Louis Rodolphe Agassiz，一八〇七～七三），出生於瑞士的莫提阿，從小喜歡歷史與科學，後來他也在這兩個領域，名留青史。他的第一本書《巴西的魚》（Brazilian Fish）出版的時候，才二十二歲。

他把這本書獻給喬治加比耶，他說：「我尊敬加比耶如父，他的研究一直是我唯一的指針。」

加比耶與這位年輕科學家書信往來，將自己研究中最新的資料寄給他。這些信自然成爲阿葛西的最大鼓勵，他一方面遵照父母的意思去讀醫學，一方面繼續努力研究魚類的進化。

一八三一年十月，爲了研究當時大流行的霍亂，阿葛西前往巴黎。他一到巴黎，就立刻去見加比耶，加比耶對阿葛西的研究非常感動，對這位充滿熱情的瑞士青年深具好感。

加比耶為了阿葛西，開放一間設備完整的研究室，還把共通的研究領域的筆記送給阿葛西。魚類化石的研究，讓加比耶深感興趣，阿葛西沒有其他人的幫忙，就能夠得到與他相同的結論，令他感到佩服。

一八三二年發生了悲劇，加比耶罹患霍亂而亡，臨死之前，這位偉大的博物學者將自己準備要研究、發表的許多化石，交給阿葛西。後來，阿葛西決定要照著加比耶指示的方向，努力研究。

在地球的歷史上，可以發現很多大災難週期性發生的痕跡，就好像是神為了創造新的生物，而讓地上的動物或人類滅亡一樣。阿葛西依循加比耶的這個說法，以「天地變異說」與「（神的）創造說」聞名的這些想法，形成他自己的自然科學世界觀的基礎。

首先，「天地變異說」是用化石分析調查的結果，所引導出來的理論。但是，「神的創造」這個概念，比較偏向神學的曖昧領域，比較不具有科學的性質。

加比耶會接受「神的創造」的概念，意味著他對近代科學中的基本法則視若無睹，那就是「自然法則的不變性」的概念。

現代的科學家們假設，控制地球的大自然法則，可以套用在宇宙的任何地方，是超越時間與空間的。

採取天地變異說立場的人，假設超自然的力量（神），擁有經營地球的相關能力，並且確實在經營著地球。透過他們的觀點看到的大自然法則，會覺得超自然的力量，是反覆無常的。他們認爲，在地球的歷史中，聖經具有絕對的權威；即使是現在，許多人還是相信，地球是神在七天內創造出來的。地球是神的創造物這種想法，從這裡開始又更進一步，認爲生命是在大災難之後，照著神的旨意創造的。

天地異變說是以聖經的教導爲基礎，確立了在地質學上的其中一個假設。到了現在，大多數的科學家都對這個說法提出異議。

詹姆斯哈頓的齊一論

哈頓嘗試著，要將大洪水帶來的混亂，替換成對神有價值的世界秩序，認為要經過漫長的時間，才慢慢發生變化。他的這種想法，大家稱之為齊一論。

有一個新的定論，代替了天地變異說，那就是蘇格蘭業餘地質學者詹姆斯哈頓（James Hutton，一七二六～九七年）提倡的理論。

他注意到風或水等，每天地面上的小小變化，只要經過很長的時間，最後都會給地表帶來改變。

可是，哈頓針對地球科學提出的理論，就科學上來講，似乎不夠嚴密。他生存的年代，是科學還沒進步，還沒建立起現代社會基礎前的時代。

在這個時代，對於地球歷史的相關疑問，聖經還具有絕對的權威。聖經上寫的諾亞洪水，仍然是瞭解地質學時，很重要的參考。

當時廣受大家接受的想法，不是要促進科學進步，反而是要阻止科學進步。在那個時候，他們把地球的歷史分成三個階段。

第一個階段，是從天地創造到墮落犯罪（**人類的墮落＝亞當與夏娃吃禁果**）爲止的時代。第二個階段，是因爲墮落犯罪一直到現在，這段漫長時代。第三個階段，則是人們衷心期盼，基督再來的重生時代。

面對這類思想，哈頓在一七八八年寫下了以下這段話：「我們沒有發現時間開始的痕跡，也不知道時間何時結束。」

哈頓的世界觀認爲，地球是由「全能的存在體」有意識的創造，是爲了讓生命體繼續存在所做的大機器。他的想法，與當時人們接受的想法正好相反。他們相信天地變異說，認爲全能的神有意要讓生命體滅亡。

一七九五年出版的著名著作《實證與圖解的地球理論（Theory of the Earth with Proofs and Illustrations）》就是想要證明，地球是神的創造物。

「如果全能的能力是存在的，而且至高的智慧經營著讓我們感到非常有趣的動植物之美的話，我們會得到一個結論，那就是所有生物生存的地球，必須順從神所決定的末日，所有的生物被創造，也是基於這項法則。我們的使命，就是去探索這個理論，確定這個理論是完整無缺的。」

哈頓排除了與大洪水有關的聖經立場。因爲，在他的想法中，發生大洪水的經過，與他所相信的神的真意，是正好相反的。

如果地球的目的，是爲了維持生命體，那麼神就不會故意引起洪水，毀滅自己的創造物。

「可是，有關地球理論的任何一個部分，都確定不包含洪水。因爲很明顯的，地球存在的目的，是爲了保存動植物，絕對不是讓動植物毀滅。」

他這麼寫著。

哈頓的理論中，比較激進的部分，是他假設地球的形成，是將全能的神的意思具體化而成的。他個人的信念認爲，所有的地質學現象，就像是設計完整的機器，所帶來的功能一樣。

他認爲全能的神，對地球的行爲，就像過去隨時都在進行一樣，現在也在進行。對哈頓而言，「現在正是解開過去謎題的關鍵」。經過漫長時間，一點點小小的變化，也會帶來令人驚訝的結果。

「沒有任何非自然的力量在對地球運作，這是個事實，不只如此，任何現象的發生，都是基於我們所知道的法則。我們不需要舉出特例，來說明到處都會發生的事情。我們在經營大自然的時候，不應該採取會違反我們實際上看到的秩序，或是會讓生物毀滅的方法。因此，不管用什麼方法，引發水、火等偉大媒體力量的自然現象，應該是會讓地球上的動物或植物等生命體繁榮的。不能將混亂與混沌，與大自然的法則混爲一談。因爲，狹隘的視野，總是只會看到一些特定、異常的事物。而且，也不能因爲發生了沒有經驗過的事情，就想去找出表面的原因。」

哈頓嘗試著，要將大洪水帶來的混亂，替換成對神有價值的世界秩序，認爲要經過漫長的時間，才慢慢發生變化。他的這種想法，大家稱之爲齊一論。

路易阿葛西的冰河期理論

阿葛西認為，地球以前曾遭遇到無法想像的寒冷，冰河期突然侵襲地球，帶來了生物從未經歷過的漫長黑暗的冬天。

蘇格蘭地質學家查爾斯萊耶（一七九七～一八七五年），在他的著作《地質學的原則》（Principles of Geology）中，將哈頓的齊一論發揚光大，擴大解釋，使用淺顯易懂，連不懂科學的人都可以瞭解的語言來解說。

他終結了「物理的原則，也許是超自然力量的反覆無常」的想法。對於天地變異說，他寫了下面這段話：「當我們嘗試要解開這類困難的疑問時，我們採取的方法，應該是針對我們所知的，也就是說，有可能瞭解的事物來思考才對。我相信我們並沒有將現在的研究，所提供的學術資產使用殆盡。因此，在我們擁有的幼稚科學中，不能依賴不合常理的要因。」

在他的時代，以及在他之後，約一個多世紀的期間，萊耶對於無法觀測的地質學力量的作用做了研究，但是，他遺漏了一項事實，那就是大變異的發生，不一定要靠超自然的力量。也就是說，給環境帶來大改變的大規模地殼移動（**依照地球的自然法則**）。

這種變化，是在大自然的法則規範內，發生的現象，產生的結果。

即使到了今天，加比耶的理論，仍然遙遙領先他存活的那個時代。但是，地質學家們把他的理論，看成與提倡天地變異說的人一樣，完全忘了加比耶提倡的大規模地質學變化的概念。

加比耶的學生阿葛西，以自己的冰河期理論，繼承老師的理論。

加比耶死後四年，阿葛西與兩位研究阿爾卑斯山脈冰床的研究家，一起去調查瑞士國內的高山地區，以及岩盤形成的裂縫。

與阿葛西同行的兩位學者指出，他們攀登的巨岩，是被冰床壓擠出來，

然後被拖拉到現在的所在位置。

這時候，理論就在阿葛西的腦海裡面萌芽了。他發現自己感受到的事情，是有可能的。到了一八三七年，他對外發表論文，認爲他的冰河期理論中，發生的事情，確實在歐洲發生過。內容如下：「我認爲『西伯利亞』的冬天，地底下覆蓋的世界，是一片棲息著許多現在可以在印度或非洲等溫暖氣候區域，可以看到的植物或大型哺乳類生存的世界。死亡包圍了整個大自然，侵襲生物的寒冷，超乎想像的嚴酷。」

在現代，普遍使用「冰河期」這幾個字，可是，阿葛西剛提出來的時候，只是個令人驚嘆、感到奇異的概念。

阿葛西認爲，地球以前曾遭遇到無法想像的寒冷，冰河期突然侵襲地球，帶來了生物從未經歷過的漫長黑暗的冬天。

他說：「持續好幾個世紀的嚴寒冬天，突然襲擊我們的地球。熱帶性生物棲息的區域也不例外，被封閉在大量的冰雪之中，甚至沒有時間讓死後的屍體腐敗。」

對阿葛西而言，這個冰河期理論，排除了對於生命滅絕的疑問，所提出的一切其他理論。具有強大殺傷力的冰河期，突然來臨，才會造成屍體堆積如山。

一八三七年，阿葛西向科學界發表了他的冰河期理論。當然，大家對他的看法，充滿了懷疑。但是，阿葛西證明巨岩的位置，可能是冰河移動造成的，以反駁這些懷疑。懷疑阿葛西理論的人，也就不得不承認，以前曾有過侵襲地球的嚴酷冬天。至於阻止所有生命生存下去的寒冷期，是如何產生的呢？暫時還是成謎。

但是，阿葛西一開始就把這個疑問，包含在他的研究中。

爲什麼氣候會發生這麼急速而強大的變化呢？我們對這一點，完全沒有線索。有許多人加以解釋，有的說因爲以前地軸的傾斜，比現在還大，或是說大陸沈入水中，造成寒冷來臨等等。

但是，這兩種說法的說服力都不夠。我們的科學，也沒有發現任何足以解釋這些現象的事實。

天文學中的重大發現

夏季期間，無法從太陽那裡得到足夠的熱量，以溶解冬季時覆蓋在地表上的冰，結果，就會造成冰河期。

一八四二年，一位住在巴黎的教師，發現了最初的線索（很意外的是，這個線索是來自於天文學的範疇）。喬瑟夫．阿爾凡．阿提瑪爾瞭解到，地球會通過繞行太陽的軌道上的四個重要地點（春分、夏至、秋分以及冬至）。地球每次通過這幾個點，季節就會改變。

這四個點，在二萬六千年的漫長週期中，太陽、月亮以及其他行星，會因爲地球引力的作用，而漸漸改變地點。

在軌道上的這四個點的位置，因爲在北半球，位於最接近太陽的位置，所以，地球在冬天會出現比較溫暖的氣候。可是，經過幾千年之後，即將夏至的地球，被拉往太陽的方向，於是，就會面臨灼熱的夏季與極度寒冷的冬天的折磨。

阿提瑪爾相信，由於這種在現代科學家口中，稱爲歲差運動的四個點緩慢的變化，給太陽的作用帶來變化，而引起冰河期。

一八四三年，另一位法國科學家烏魯邦·魯貝里耶（一八一一～七七年）發現了一項與冰河期有關的重大天文學要素。他發現，繞行太陽的地球，移動的距離受到地球軌道形狀的影響。

在十萬年一次的週期中，地球軌道一點一點變化著。此外，軌道也會受到太陽、月亮、地球以外的行星引力的作用，而產生變化。地球軌道的形狀，會從現在接近正圓形的軌道，變化成距離太陽很遠，冰河期侵襲地球時的那種橢圓形。

雖然在天文學上，有了這些突破性的發現，可是，對於冰河期的原因

與期間，每個學者都有不同的立場。

第三個線索，是來自於令人意想不到的方向。

蘇格蘭人詹姆斯克羅爾（James Kroll，一八二一～一九〇年）在十三歲的時候，爲了協助母親養家，不得以放棄上學。

雖然他在那時候，停止了正式的學校教育，可是，求學心旺盛的他，自己學會許多自然科學的知識，甚至學會了所有的基本課程。一八五九年，他從事了許多職業，從水車工人到保險業務員都做過，最後他成爲位於古拉司葛（Glasgow）的安德森尼安大學博物館的管理員，使他更接近科學。

「薪水實在不能說很滿意，大概只能勉強餬口而已。可是，別的方面的收穫，卻可以抵銷過低的薪水。」

他可以出入收藏著許多科學書籍的圖書館，這正是他想要的。

克羅爾雖然沒受過正式的教育，卻具有足以解開無人可解謎題的才華。這個謎題，就是冰河期的真正原因。一八七二年出版的《氣候與時間》（Climate and Time）這本書裡面，克羅爾提出了解開冰河期之謎的第三個線索。那就是地軸的移動，也就是所謂的傾斜，是屬於天文學的領域。

地軸的傾斜角，決定了地球上各個區域可以曬到的太陽光線的量；傾斜的變化，造成地表溫度的變化。現在地球的傾斜角是二三．四度，可是，這個傾斜具有緩慢變化的特質，根據測量，變化的範圍從最小二一．八度到最大的二四．四度。

塞爾維亞地質學家米留辛．米蘭可比其（一八五七～一九二七年）在一九一一年時，在貝歐克拉德大學（**Beograd**）擔任數學教授。

他採用前面提到的天文學因素，算出在過去某一個特定時期的地球上，太陽的熱輻射量。

他的結論是，夏季期間，無法從太陽那裡得到足夠的熱量，以溶解冬季時覆蓋在地表上的冰，結果，就會造成冰河期。

無法溶解的傾向，持續一段時間的結果，就是厚厚的冰，覆蓋在地表。

破壞循環造成亞特蘭提斯滅亡

深遠的破壞週期，是生物大量滅亡的原因。科學家們想要解開紀元前九六〇〇年左右，所發生的「亞特蘭提斯的滅亡」之謎，有必要做詳細的調查。

到了一九七六年，詹姆斯海伊、約翰英普里、尼可拉斯傑克頓三位學者，寫了一篇論文，提到許多冰河期在地質學上的物證，與天文學的循環是一致的。等於證明了克羅爾與米蘭可比其的想法。

他們證明了地球上，確實有過冰河期，而且當時的氣候，根本比不上我們現在享受的氣候。

他們認爲約一萬二千年前開始的現代這段間冰期，只是冰融化的極短暫的期間。在過去三十五萬年間，共有四次間冰期，各約在三十三萬五千年前、二十二萬年前、十二萬七千年前，以及十一萬六千年前發生的。

要產生間冰期，就必須與這期間三次的天文學循環的時期一致。地球的地軸傾斜也必須達到二四．四度才行。而且，地球的軌道形狀，在六月的時候，地球必須最接近太陽才可以。

與克羅爾及米蘭可比其的冰河期相關的天文學理論，現在用來確定大規模冰期，是一種被廣泛使用的方法。

與冰河期同樣重要的，是冰河作用的地理性分佈，長期受到輕視的地殼移動理論，在解開這個謎題上，擔負著重要的任務。

根據哈普古德的理論，陸地上最寒冷的區域，是因爲地殼移動，所擠壓出的兩極圈區域。

哈普古德的著作中，一開始愛因斯坦就針對地殼移動的機械論，寫下以下的內容：

「在極地圈中，常常有古老的冰遭到廢棄，可是，冰並不是在極地的

四周，受到平均的擠壓。而是因爲地球自轉產生的離心力，被擠往各地的冰，會對地球堅固的地殼產生作用。當漸漸增加的離心力，達到一個定點的時候，作用就會達到整個地球內部，使極地往赤道的方向移動。」

同時，會使隸屬於溫帶的地區，往極地的方向移動。以前被冰封閉的溫帶，在引起冰的地殼移動之前，會維持原狀。

愛因斯坦雖然接受地殼移動的說法，可是，卻懷疑光靠冰冠的重量，是否就會產生讓地殼移動的力量。哈普古德自己研究的焦點，不是探究地殼移動的原因，而是爲了要解開地質學上的疑問、生命進化之謎，才去研究要如何才能起作用。

克羅爾與米蘭可比其的冰河期理論，結合了兩者，一種是從太陽、月亮、其他行星的引力，從地球以外作用的力量，以及另一種是冰冠的重量（地殼移動的原因），也就是地球上作用的力量。

地球的軌道，如果偏離正圓形超過百分之一的話，太陽的引力作用就會增加。因爲在軌道上，到處都會形成地球與太陽之間，距離很短的地點，結果，地殼會受到巨大力量的推擠拉扯。於是，產生強大的壓力與地軸傾斜，加上太陽引力作用的增加，使地殼不得不移動。

一旦發生地殼變動，冰床就會溶解，海面水位會上升。如果地殼變動與全世界氣溫上升的間冰期也同時開始的話，就會增強冰床溶解的狀況。一萬一千六百年前，地球發生了最後一次地殼移動，接著，可能會發生這樣的狀況：因爲北極圈與南極圈的降雪量增加，海面的水位下降，週期再度從頭開始。

最後一次發生的地殼移動，是在一萬一千六百年前。那時候，歲差運動、軌道的變化、地軸傾斜的變化，三個週期剛好搭配在一起，於是宣告間冰期的到來。更重要的是，地軸傾斜變化的週期（**現在是四萬一千年的週期，變化從二一·八度到二四·四度**）。

除此之外，地殼移動的發生時間，咸認爲是五萬二千六百年前與九萬三千六百年前。

拿這個理論，與哈普古德發現的地磁氣學方面，確認「極」的地點的

物證，來搭配思考，就可以說明冰河分佈的特異性。在地殼移動的前後，包含極地圈的區域，一般會遺留下大量的冰床。

這麼深遠的破壞週期，也許就如加比耶推測的一樣，是定期造訪，且是生物大量滅亡的原因。

這些災害發生過很多次，每一次都給生物的進化過程，帶來很大的影響。科學家們想要解開紀元前九六〇〇年左右，所發生的「亞特蘭提斯的滅亡」之謎，有必要做詳細的調查。

生物大量滅亡，與人類有關嗎？

如果地球上發生地殼移動，世界各地緯度變化，各個大陸就會引起狀況不同的滅亡。有的大陸會遭遇到大規模的氣候變化，有的大陸卻幾乎沒有任何改變。

也有一種想法，是把焦點放在我們人類身上。與達爾文一起發現自然淘汰法則的英國博物學家阿爾福雷德·拉賽爾·渥雷斯（一八二三～一九一三年），他的論點是，在最後冰河期結束時發生的生物大量滅亡，不只是因爲氣候的激烈變化，也可能是人類引起的。他寫道：

「各種哺乳類動物的滅亡，事實上是人類作用的結果。在各地質學年代中，與大自然帶來的許多因素，相互作用的結果，產生分化爲大型動物

的型態，或是更特殊怪異的生命型態。人類只是將這些怪異型態的動物趕盡殺絕而已。」

就像達爾文一樣，他也不想改變哈頓與萊耶的理論。也就是說，緩慢的變化，在控制著地球的齊一論。可是，就算是萊耶，也會認爲把滅亡的全部責任都推給人類，是有問題的。

「出於人類的作用，可能性比較低。反而是大規模的氣候變化、脊椎動物或非脊椎動物等，許多動植物種類產生的變化、地理的變化、海或陸地大小的不同，也就是說，這些因素結合起來，經過漫長的時間之後，才引起大型哺乳動物滅亡。」

儘管萊耶已經提出警告，可是，人類學家或古生物學家們，還是廣泛接受「人類才是大量滅亡主因」的想法。一直到現在，亞利桑納大學的波爾．S．馬丁還是相信「大量殺戮假設」。

根據他的理論，他認爲人類進入西半球，正是引起大量滅亡的原因。事實上，在北美大陸發生的大量滅亡時代，反而是比較近期的。巨大熊、長毛象、劍獅、乳齒象……等等，都在紀元前九千六百年前，就已經和亞特蘭提斯一樣滅亡了。

許多考古學家認爲人類到達西半球，是在紀元前九六〇〇年左右，這也是事實。根據馬丁的說法，第一次遇見人類的動物們，在人類的狩獵技術下無法逃脫，於是不斷被殺，直到滅亡。而生活在東半球的動物們，特別是歐洲與非洲的動物，他們發展出足以抵抗人類狩獵技術的生存技巧，所以不會像西半球的動物那樣，遭到滅亡的命運。

觀察二十世紀後期發生的各種動物的滅亡，也許這種想法是很正常的。但是，大量殺戮的假設只能針對單一的時代說明生物滅亡的原因，對於亞特蘭提斯消失同時發生的生物大滅亡，無法做出任何解釋。

另外，在曾是溫帶地區的西伯利亞北方繁殖的大型獸，對於他們的滅亡，「大量殺戮假設」也無法提出解釋。

現在，這個區域已經變成凍土地帶。要讓這類大型獸生存下去，西伯利亞的氣候，就必須比現在更溫暖才行。

俄羅斯的科學家們，認爲人類在動物滅亡這件事情上，扮演的角色非常小，甚至是完全無關。生物大量死亡，只是因爲氣候的激烈變化而已。大自然力量的作用，大家都沒有異議。生存在各大陸地區的生物們，都經驗了各自不同程度的滅亡。

在一萬二千年前，南北美、澳洲以及北極地區，發生了大規模的生物滅亡，可是，同時期的歐洲與非洲，滅亡狀況比較少。從這個事實來看，會有一種似乎是在支持大量殺戮這個假設的印象。

在各個大陸的滅亡狀況與時期，並不相同（例如美國的滅亡規模，比非洲的規模大等）。因此，有人摒除了地球外作用的力量，或是影響全地球的大災難突然來襲的可能性。

可是，如果地球上發生地殼移動的話，世界各地緯度變化的結果，各個大陸就會引起狀況不同的滅亡。有的大陸會遭遇到大規模的氣候變化，有的大陸卻幾乎沒有任何改變。氣候的變化，帶來了與生物過去的生活完全不同的環境，如果無法適應不曾經歷過的季節，就會引來滅亡。

地殼移動帶來大量滅亡

人類也與其他許多動物，遭遇相同的命運。他們被撕扯、沈入海底、被雪覆蓋，與消失的樂園之島有關的許多神話，就從這裡開始。

哈普古德留下來的資料，對於亞特蘭提斯和大量生物的滅亡，已經給了我們明確的答案。使用他所測定的紀元前九千六百年以前的地殼分佈狀況，我們就可以看到，地殼移動後的緯度變化。

試著在地球上，畫一個通過北極與南極的圓，就可以看到受害最嚴重的區域。這條線，稱爲最大移動線。這條線通過北美大陸、南美大陸西部，將南極海分爲兩半，向東南亞延伸，一直到西伯利亞，再回到北美。這條

線圍起來的區域，經歷了最嚴重的滅亡。

最小移動線，穿過在大災難前後，比較安定的溫帶地區。穿過格陵蘭、歐洲與非洲，橫切過紐西蘭與澳洲之間，通過夏威夷，回到格陵蘭。最小移動線與幾乎沒有滅亡災害的地區分布相同。

地殼移動說與大量殺戮說不同，地殼移動說提供了研究大規模滅亡的模型。同樣的原則，也可能可以套用在更古老的地質年代，不需要考慮到動物們對人類狩獵能力的反應等種種推測。在地殼移動中，每一次存活下來的種類、滅亡的種類都是隨機決定的。

因為地殼移動的破壞，倖存下來的種類，有可能發展成新的種類，但是這些種類還是停留在小規模的集團。因為在小生物群中，更容易發生突變。海洋生物可以四處游泳，尋找可以適應的環境，所以，他們很可能還是可以保持原來的型態。

但是，陸地動物因為有山岳、沙漠、湖、海等等，明顯失去了機動性。無處可逃的這些動物，若不適應環境，就只有滅亡了。陸地生物進化的比海洋生物快，也可以從這個角度來解釋。陸地生物若不持續進化，以適應新的環境的話，可能就必須滅亡了。

最後發生的地殼移動，在地球身上，刻上了死亡的鎖鍊。最大移動線所經過的大陸，發生了大量滅亡；在最接近最小移動線的大陸上，滅亡的規模比較小。掩埋在廣大的墓地裡的許多巨大獸，他們目擊了定期襲擊地球的大地殼移動現場。

人類也與其他許多動物，遭遇相同的命運。他們被撕扯、沈入海底、被雪覆蓋，與消失的樂園之島有關的許多神話，就從這裡開始。

PART 6.

尋找亞特蘭提斯古文明

根據西藏的藏經記載，

公元前九五六四年時，

在今天的巴哈馬群島、加勒比海以及墨西哥灣，

有一大片陸地可能沈入了大西洋。

亞特蘭提斯將隨著預言復活

如果「睡眠預言家」凱西的預言正確的話，當她的預言實現的時候，歷經二千多年的漫長爭論，卻一直到現在都沒有結論的亞特蘭提斯論爭，或許就會劃上休止符了。

過去聞名世界的「睡眠預言家」凱西（Edgar Cayce），在一九四〇年曾經做過一次相當神奇的預言。

他說：「波賽頓（亞特蘭提斯帝國的首都）將成爲再度浮上來的亞特蘭提斯大陸的最初地區。將會在一九六八年或六九年確認這件事情吧！徵兆可以在佛羅里達海灣中的比密尼島（Bimini Island）附近看到。」

後來，經過二十八之後年，正如凱西預言的，在一九六八年夏季，考古學家帶來了令人驚訝的消息。

在比密尼島東方的安特羅島北端的淺灘，找到了一個每邊長三十公尺的長方形石頭構造物，推測是神殿的基礎石。

於是，開始在比密尼島在內的巴哈馬群島附近，陸續發現充滿神秘的海中遺跡。

最有名的，是一九六八年九月，在北比密尼的天堂角北方八百公尺的地方，發現的J字形「比密尼路」。

這是將正方形、長方形、多角形的平石，整齊排列出的人工石造道路。石頭很大，平均長三公尺、寬四．五公尺，厚一公尺，在石灰岩的基礎上整齊地鋪設著，總長達一．二公里。

以炭十四測定法，測量遺留在石頭之間的動植物堆積物的年代，測出六千至一萬二千年前這個數值。

但是，石材因爲海水裡面高濃度的礦物質反覆結晶，這些再結晶物質內含有高濃度的炭十四，所以，推測這些遺跡的實際年代，比測出來的年

代還要古老。

也有嚴謹的考古學家說，這只是海底的岩石，因爲自然現象，偶然形成了方形的石板，但是，許多古文明專家認爲，這種說法太缺乏說服力。因爲在形成比密尼路的區域之間，發現了呈「卡榫式」構造的瓦片碎片。所謂卡榫式，就是在瓦片的側面刻出溝槽，再將另一個磚瓦側面的突起，插入溝槽中的接合方法。也就是說，那些磚瓦很明顯是經過人工加工的。

完全相同構造的磚瓦，後來在比密尼路附近的水中洞窟中也有發現，也成爲最好的證據。不只是這樣，後來在附近的海域，還不斷發現神秘的人工構造物。

一九六九年七月，在北比密尼島南端海灣的海底，發現了堅固材質的石柱與做了縱溝雕刻裝飾的大理石圓柱。

然後，繼續發現了石階、成銳角的箭形石頭構造物，在海底排列成平行線的石頭行列……等等，相繼發現許多難以解釋的石造物，總數已將多達三十多件。

這些神秘的海中遺跡或遺物，是否真如凱西預言的，是消失的大陸亞特蘭提斯的遺跡呢?激烈的論爭還在持續，還沒有討論出結果。

亞特蘭提斯的傳說，引發許多探究超古代文明的獵人們的好奇心。眾所周知，亞特蘭提斯的傳說始於希臘哲學家柏拉圖於紀元前四世紀所著的《對話錄》中的「提瑪友斯（Timaeus）」與「克里提亞斯（Critias）」。

在《對話錄》中，柏拉圖對亞特蘭提斯帝國的政治、社會、生活……等等，有著詳細的記載，因此，我們先從那裡來看。

神秘的超文明帝國的始祖，是海神波賽頓，他的長子亞特拉斯是第一代的王中之王，從那時候開始，整座像大陸一樣的島與周圍的海，就稱爲亞特蘭提斯。

亞特蘭斯帝國由十個國王統治，而王中之王，則由亞特拉斯嫡傳的長子擔任。

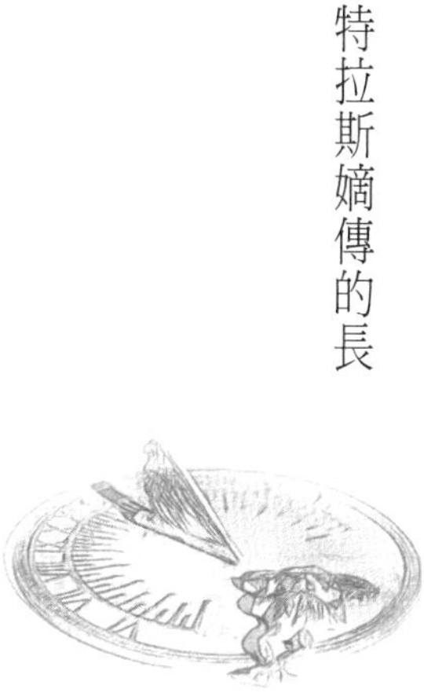

王中之王的權力很大，勢力圈包括整座島，以及附屬的群島，有人甚至認爲他的權勢遍及歐洲或美國大陸的一部分。

首都波賽頓，以長九二五〇公尺、寬一百公尺的巨大運河與外海連接，是一座半徑大約二公里的環狀都市。圓形的中央島的都心部位，有祭祀波賽頓與他的愛人克蕾特的神殿與王宮。它的四周圍繞著三層的環狀內部運河（**最大寬五三三公尺**）與兩層環狀陸地。

神殿的表面，全部用銀覆蓋，山牆則是黃金製成。

內部是用綻放著金、銀、火焰般光輝的神秘金屬「歐里哈爾肯」，用象牙等等裝飾起來，安置著波賽頓等黃金像。

王宮也是使用金、銀、歐里哈爾肯來作裝飾，顯現出無比的華麗。

中央島嶼兩塊環狀陸地，用塔與裝有門的橋連接起來。

外圍有石牆環繞，包圍最外側陸地的牆，是以銅爲黏接材料做成的。內壁是貼著含銀的錫箔，包圍中央島的牆壁，是用「歐里哈爾肯」覆蓋。環狀陸地裡面，設置有室內室外游泳池、公園、學校、賽馬場、運動場、戰車競技場……等等，形成一個大的休閒區。

在環狀都市外側，寬廣的外面城市，林立著一般子民居住的房子，每個家庭都用水道管供應飲用水與熱水。

主要的港口有三個，不分晝夜，都有交易船隻往來，是一個熱鬧的國際都市。

在首都波賽頓的背後，有一片東西約五百三十公里、南北約三百五十公里的廣大平原。四周用寬一百八十公尺，全長一千八百公里的運河包圍住，平原每隔一．八公里，就像棋盤一樣，密佈著運河。

也就是說，以一．八平方公里作爲一區，整齊的畫分成六萬個區域。

大部分的平原是農地，可以一年收穫二次。農產豐富，肥沃的農地可以生產出各種豐盛的穀物或蔬菜，果園裡的樹木，也結實纍纍，有椰子、橄欖、香蕉等等。

礦物資源也很豐富，不只是金、銀、銅、鐵，還有一種在我們知識以外的神秘金屬「歐里哈爾肯」，也都可以在島內挖掘到。

亞特蘭提斯帝國的軍事能力也很強，陸軍有戰車一萬台，雙頭馬車六萬台，戰馬二十四萬匹，士兵九十六萬人，海軍有一千二百艘軍船與二十四萬士兵。

亞特蘭提斯總兵力一百二十萬，軍事力量強大，但是人們道德情操高尚，都是一些性情溫和、感情豐富的人。

但是，王中之王怠忽了自己是神的代理人的責任，人們爲了錢財而墮落的時候，繁華的亞特蘭提斯也就面臨了毀滅。

終於，天神發怒了，招來了可怕的大地震與大洪水，在一天一夜的悲慘遭遇之後，統治全世界的帝國，全部沈入海中滅亡了。

以上，就是柏拉圖描繪的亞特蘭提斯的狀況與滅亡經過。

繼柏拉圖之後，又有無數的亞特蘭提斯探討論述出現，可是，還是無法解開這個被封印的謎團。

例如，亞特蘭提斯的地點一直眾說紛云，關於這一點，柏拉圖是這樣說的：「以前，海力克斯柱（直布羅陀海峽）入口的前面，有一座島。那座島比利比亞（北非）與亞細亞（小亞細亞）合起來還大一點。航海者從那座島，可以航行到包圍著真正的海，相反方向的大陸（美洲大陸）的每一個地方。」

如果忠實按照柏拉圖的記載，就不得不推測亞特蘭提斯是位於大西洋上了。但是，柏拉圖的亞特蘭提斯故事，並不是很值得信賴的史料，而且，經過多年的輾轉流傳過程，也包括了一些誇張與誤解的部分，所以，也有不少人否定亞特蘭提斯大陸在大西洋上的見解。

然後，他們提出的許多幻想的可能地點，令人眼花撩亂。從美洲大陸、非洲各地、巴西、印度、澳洲、西伯利亞、庇里牛斯山脈、太平洋、印度洋、北海、加勒比海……，數量高達一千七百多個地方。

光是這樣，就可以說明亞特蘭提斯多麼吸引人了吧！不過，每一個假設都沒有物證，因此，也不能說哪個說法才是真的。

其中，支持者比較多，在學術上認爲比較有力的，是地中海說與大西洋說。

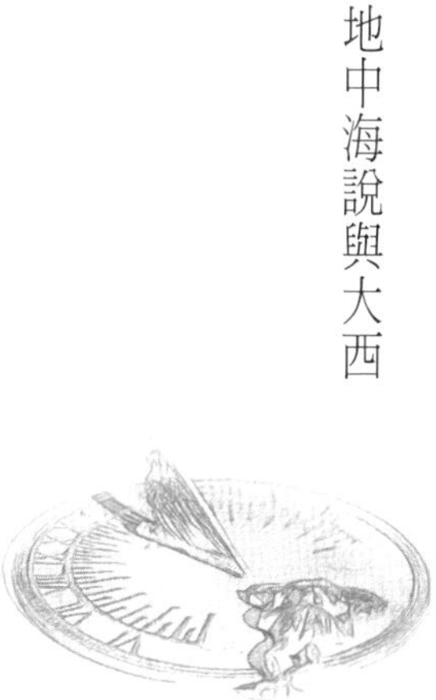

支持地中海說的人，認爲愛琴海上的提拉島，就是亞特蘭提斯。

聖多里尼島（Santorini）現在只不過是由五個小島組成的火山島而已，但是，以前它是個直徑約十八公里的圓形島。大約在紀元前一四〇〇年的時候，因爲火山大爆炸，使島的中央部位飛走，當時發生的大海嘯，使得以克里特島爲中心的米諾亞文明荒廢了，這在學術上已經證明過了。

也就是說，有人認爲這一次爆炸，使得整座島散開了，形成了亞特蘭提斯沈沒傳說的原型。但是，這個假設有個致命的缺陷。

首先，提拉島並不是在「海力克斯柱（直布羅陀海峽）的對面，而是位於內側的地中海。島的大小，也與柏拉圖記載的亞特蘭提斯小很多，而在「反面的大陸（美洲大陸）」也沒有可以比定的區域。

而大西洋則發現了包括「比密尼路」在內的許多海中遺跡，因此，在學術上大西洋說反而比較有說服力。

狀況證據也多，在大西洋兩側繁榮的埃及文明與馬雅文明、印加文明的類似性，是其中一個例子。金字塔的建造、太陽信仰、蛇的崇拜、曆法……等等，有許多讓人覺得很符合亞特蘭提斯文明遺跡的地方。

但是，最近幾年又出現了一個衝擊性的新論點，完全否定了大西洋說。那就是古代文明研究家藍德與蘿絲．普雷瑪斯，以及葛拉漢姆．漢古克（Graham Hancock）所主張的，亞特蘭提斯大陸就是南極大陸說。他們認爲，在美國科學家查爾斯．哈普古德發表的「地殼移動理論」中，有解開亞特蘭提斯大陸之謎的關鍵。

此外，全世界各地的神話，雷斯提督地圖（Prir Reis Map）等，在南極大陸被發現前，就描繪出南極大陸的古地圖，神秘的巨石遺跡等等，他們進行了很仔細的查證，發展出令人驚訝的假設，認爲南極大陸就是傳說中的亞特蘭提斯。亞特蘭提斯不是沈入海底，其遺跡正躺在厚達三千公尺以上的冰層底下。

根據現在的地球物理學，板塊構造學說幾乎已經成爲定論。這個理論在說明地球長期緩慢的活動上，是很有效的，但是，卻不能說明在地球迄今發生過幾次劇烈的地殼變動。

至於哈普古德的地殼移動理論，則認為地球上所有的板塊，形成一個大塊狀，並且緩緩滑動，在這個時候，大陸相互間的位置關係，不會發生任何變化，也不會對地軸有影響。

但是，一旦地殼發生劇烈變動的結果，各板塊之間，會移動到與過去完全不同的地方。也就是說，太古的時代，隸屬於溫帶地區的亞特蘭提斯，因為急遽的地殼移動，移到現在的地方，變成了南極大陸。

先不管這個說法是否正確，如果「睡眠預言家」凱西的預言正確的話，亞特蘭提斯再度浮上來的日子應該已經近了。

當他的預言實現的時候，歷經二千多年的漫長爭論，卻一直到現在都沒有結論的亞特蘭提斯論爭，或許就會劃上休止符了。

只是，這一天真的會到來嗎？

尋找亞特蘭提斯古文明

根據西藏的藏經記載，公元前九五六四年時，在今天的巴哈馬群島、加勒比海以及墨西哥灣，有一大片陸地可能沈入了大西洋。

古希臘哲學家柏拉圖在《對話錄》裡，曾經多次提出了眾所皆知的超古代文明亞特蘭提斯消失的故事。

傳說遠在一萬多年前，在大西洋西邊遙遠的大西洋上，有一個強盛富庶的亞特蘭提斯帝國，擁有著令人驚訝的超高度文明，後來因爲「背棄上帝的眷顧」，天神震怒之餘，以地震和水災，讓它陸沈到海底……

亞特蘭提斯是失落已久的夢想之城，也一直被視爲人類文明之母，傳

說中這塊沈沒海底的神秘大陸究竟在哪裡呢？

到了十九世紀，有關亞特蘭提斯的專著已達二萬多冊，關於亞特蘭提斯的討論也已成為學術界的必修課。

一八八二年美國作家唐乃利所著的《亞特蘭提斯——洪水時期前的世界》一書，可稱為眾多專書中的經典力作。

它從考古、神學、地質、人種、生物、語言……等種種學科進行考察、論證，認為亞特蘭提斯在大西洋中部或馬尾藻海一帶。

考古學家在尋找亞特蘭提斯的活動中，發現了三個可能的位置，第一個是亞速群島。

一八九八年，在鋪設歐美海底電纜時，工程人員發現亞速群島的海底有一片高地，經過科學鑑定，這個地方在一萬二千年前曾是陸地。這裡是不是那個神秘的亞特蘭提斯古大陸呢？學術界興奮了起來，亞速本島的七城湖成了人們尋訪古城遺跡的必到之地，有人斷言說在湖底的泥土下就是「海神市」。

馬尾藻海的巴哈馬群島是古國遺址的另一個可能位置。它在著名的百慕達三角區內，此處怪事層出不窮，人們自然把它與亞特蘭提斯聯繫在一起。例如，生物學家熱爾曼就認爲，這兒的植物群與歐洲第三紀植物群是一致的。

一九六八年，美國范倫博士在巴哈馬群島的北比密尼島附近水底，發現了一座雄偉的海底城牆，它長達一千六百公尺，組成城牆的石頭每塊有十六立方公尺大。繼而，范倫博士又發現了幾個碼頭、一座雙翼的棧橋，顯然這是一座沈沒的港口。同年他又在北比密尼島海底發現一座城市，有街道、車站、城牆……等建築物。

一九七九年，一位波蘭人發表了一組該處海底城市的照片，其中有許多大理石雕像和種種器皿。

後來，還有人在馬尾藻海西部靠近美洲大陸的海底發現了一座長三百公尺，寬二百公尺的巨大海底金字塔。它有兩個大洞，海水以驚人的流速從洞中穿出，狂濤洶湧，令人驚嘆不已。

第三個可能位置在地中海的聖多里尼島。古代這裡曾發展出高度的文明，但毀於三千五百年前的一場火山爆發中。

如今，考古學家們在該島的阿克洛提鎮進行重點發掘，發現了許多精美壁畫，其中包括遠航的船隊……等等。面對這些古代遺跡，人們不禁發問：這是否就是亞特蘭提斯人所留下的呢？

現在，古典歷史學家們無論從人類學的觀點出發，還是從地質學的觀點出發，均不能否認曾有亞特蘭提斯的存在。

有人認爲，亞特蘭提斯位於美國佛羅里達州與亞馬遜河口之間，或是地中海的出口處。

還有人認爲亞特蘭提斯可能是整個美洲大陸，它的大小正好與北非加上小亞細亞的大小相等，而且人們在此已找到了一萬二千年以前的象、馬、牛、和人類的骨骼化石。

另一個有趣的「巧合」是，根據西藏的藏經記載，公元前九五六四年時，在今天巴哈馬群島、加勒比海以及墨西哥灣，有一大片陸地可能沈入了大西洋。

藏經上沒有說明當時的西藏人是如何知道發生在地球另一端地殼劇變的，但不管怎麼說，這個時間完全符合亞特蘭提斯的歷史，地點也完全吻合，這樣的記載的確使人感到驚訝。

沈沒在海底的古文明

當漢聖托林火山爆發時，在愛琴海東面的古雅典國沈沒了；而在西邊，直布羅陀海峽外的大西洋上巨大的群島，也被擠裂並沈沒到海洋裡！

事實證明，海洋中並沒有發現大陸性地殼沈沒的部分，因此科學家認爲亞特蘭提斯不可能存在於大陸上。那麼島嶼呢？

以前的考察證明，不但水底下的安培山和約瑟芬山過去都曾經是島嶼，整個沈入水底的波德科夫山脈，也同樣可能在某個時候曾經是在水面上的。

亞特蘭提斯有可能存在於這些沈沒的列島上嗎？如果可能，那究竟是什麼原因、在什麼時候，使這些島嶼統統沈沒到海洋裡去呢？

幾年前，美國地質學家在考察大西洋上的平頂山時，便發現包含在波德科夫山脈內的島嶼，有急劇沈沒的痕跡！究竟是什麼原因迫使它們如此迅速沈沒的呢？

從現代地質學的觀點來看，在板塊相互撞擊之處，比較薄弱的海底深處的海洋岩石圈就會被擠得彎向下面，然後俯衝插入大陸岩石圈的地幔下面。當岩石圈受壓超過一定限度時，就會造成裂隙和斷裂，此時會發生地震和火山噴發，這種情景可以不時在太平洋看到。

太平洋的洋底以比較大的移動速度（每年五公分）擠向亞洲大陸的邊緣，構成環太平洋火山地震帶。因此，這些地區經常發生火山噴發和地震，嚴重地威脅著居民的生命安全。

類似情況在古地中海封口處也可以觀察到。例如，今日在塞浦路斯島上，還存留著當年古地中海海床的殘跡。這是在海洋封口時，非洲擠壓著歐洲的南端，擠裂它的邊緣並向上拱起的緣故。

而地中海海底的大部分地區，則連同島嶼往更深處走去，所以我們可

以發現地中海海床是插入大陸地殼下面的，毀滅性的火山噴發，如聖漢托林火山、維蘇威火山、埃特納火山的噴發，就是地中海封口的結果。

柏拉圖曾說，這樣的災難同時發生在整個地中海沿岸地區。所以我們或許可以假設，當漢聖托林火山爆發之時，在愛琴海東面的古雅典王國沈沒了，而在西邊，直布羅陀海峽外的大西洋上巨大的群島（從亞速群島延綿到直布羅陀，其中也包括亞特蘭提斯）也被擠裂，並且沈沒到海洋裡！

考古學家認爲，爲了揭開亞特蘭提斯之謎，還需要繼續考察亞速群島至直布羅陀一帶的水下山脈。

首先要弄清楚的是，這個高山大國過去是否曾在洋面上？什麼時候沈沒的？

這個問題非常重要。如果它的沈沒發生於人類文明時期，特別是與聖漢托林火山大爆發同一時期的話，那麼，消失的亞特蘭提斯很有可能就沈沒在這裡。

傳說中的亞特蘭提斯就在地中海？

雖然目前沒有確實的證據證實米諾斯王國就是亞特蘭提斯，也許不久的將來會有重大的新發現，來證明柏拉圖所描繪的國家確實存在地中海。

傳說遠在一萬多年前，在大西洋西邊遙遠的大西洋上，有一個強盛富庶的亞特蘭提斯帝國，擁有著令人驚訝的超高度文明，後來因爲「背棄上帝的眷顧」，天神震怒之餘，以地震和水災，讓它陸沉到海底……

亞特蘭提斯是失落已久的夢想之城，也一直被視爲人類文明之母，傳說中這塊沉沒海底的神秘大陸究竟在哪裡呢？

希臘哲學家柏拉圖曾經提出幾乎接近完美世界的「理想國」思想，但

同時也給後世留下一個謎。有人說，「理想國」的雛型就是他晚年所著的《對話錄》中出現亞特蘭提斯這個國家。

時間是古代雅典的政治家索倫活躍時代的九〇〇〇年以前（現在算起一萬二千年前）在「海力克斯之柱」的對面有著亞特蘭提斯大陸。

海神波賽頓的五對雙胞胎兒子是這片大陸的十個國王之後，各自統治自己的土地，帝國名稱取自國王之中最年長的亞特拉斯之名，稱為亞特蘭提斯。這個國家擁有豐富的農產物品和貴重金屬等地下資源，港口也因世界各地船隻來往而熱鬧非凡，是個極為富裕的國家。

在首都波賽頓裡，興建著豪華神殿，外側鑲銀、天花板鑲著黃金，四周並排著多數黃金像，同心圓狀的運河環抱著街道周圍，從內陸出海也很容易。

呈長方形的廣闊平野東西三〇〇〇斯達迪翁、南北二〇〇〇斯達迪翁（一斯達迪翁等於一七七公尺），而且有強大的軍事能力，光是優等級軍人就有六萬人。

但是，這樣無比強盛的亞特蘭提斯最後開始腐化、衰落，之後又因爲地震與洪水，竟在一天一夜之間沉入海底。

西方人相信這個故事是真實，長期以來一直在尋找陸沈地點。

至今仍有幾個疑似亞特蘭提斯的地方被指證歷歷。其中之一是隸屬葡萄牙領土、由火山熔岩形成的亞速群島。

另外，百慕達海域的比密尼島附近，在一九六八年到七〇年代中期，發現了大型海底建築物和鋪石道路的文明痕跡，據說也和亞特蘭提斯有關連。甚至有人說，亞特蘭提斯就是現今的巴西。

但是，在這些莫衷一是的推測當中，部分研究學者認爲，以學術的角度而言，最有可能性的是地中海。

在愛琴海由五個浮島形成的聖多里尼島，至今仍有活火山活動的跡象，主島德拉島就是七十五平方公尺的火山島。聖多里尼島在紀元前一四〇〇年的火山大爆發中，約二十公里的島中央部份整個沉入海底，因此有研究學者指稱，這裡就是傳說中消失的亞特蘭提斯。

確實，從考古學家於火山灰燼中所發現的壺罐、陶器、裝飾品看來，無疑地顯示出當時這個島嶼有著高度文化。

但是，聖多里尼島過小，要生存著傳說中龐大的軍隊和大量人民是不可能的事，而且陸沈時間也不相符。

另一方面，也有人說同樣位於地中海的克里特島就是亞特蘭提斯。一九〇〇年考古學家發掘到了諾索斯宮殿，證明它是紀元前二五〇〇至紀元前一四〇〇年曾經存在的米諾斯文明遺跡時，不少人認爲這裡就是亞特蘭提斯。

除了諾索斯宮殿以外，也發現了幾個宮殿，這也和有過數位國王的亞特蘭提斯吻合。此外，傳說亞特蘭提斯曾使用公牛進行奉獻儀式，在克里特島也有很多與牛相關的遺物或神話。

不過，如今有五十萬人民居住的克里特島，在規模上還是遠遠不及傳說中的亞特蘭提斯。

一九六七年，在聖多里尼島發掘了宮殿，在所發現的牆壁上，畫有航行在聖多里尼島與克里特島之間的艦隊。不少學者認爲，統治聖多里尼島與克里特島的米諾斯王國，就是亞特蘭提斯帝國。

雖然目前沒有確實的證據證實米諾斯王國就是亞特蘭提斯，也許不久的將來會有重大的新發現，來證明柏拉圖所描繪的國家確實存在地中海。

亞特蘭提斯的殘影就在愛琴海

柏拉圖在「提瑪友斯」中的記載，與米諾亞文明的瓦解，幾乎完全一致，唯一的出入是年代差距太遠。

希臘哲學家柏拉圖在晚年所寫下了《對話錄》，其中「提瑪友斯（Timaeus）」與「克里提亞斯（Critias）」兩篇，談到了亞特蘭提斯大陸。

柏拉圖說，那是一座比小亞細亞與利比亞合起來還大，具備井然有序的都市計劃與強大軍事力量的國家。

而且，他們侵略歐洲與亞洲全境，計劃統治這些地方，但是，在一次戰爭中，發生了大地震與大洪水，一晝夜之間，整座大陸沈入海裡。

現在，雖然有人認爲這是柏拉圖道聽途說編造出來的故事，但是，更多學者認爲「傳說就是尚未經過印證的歷史」，也因此，自中世紀以來，關於這座島在哪裡，引發了各種討論。

紀元前十五世紀中葉，因爲猛烈的火山爆發，將當時的米諾亞文明埋在火山灰之中，整座島爲之一變，那座島就是聖多里尼島。有一派研究學者認爲聖多里尼島與亞特蘭提斯大陸有關。

在十九世紀後期的挖掘調查中，已經知道聖多里尼島沈沒以前，具有高度文明，但是，直到一九三二年，希臘的考古學家史普林頓．瑪里納特斯才開始研究，米諾亞文明與克里特島爲什麼會瓦解。

他在克里特島北岸，挖掘大塊的海岸岩石，注意到在海邊的建築物地基部分，覆蓋著大量的輕石。

因此，推斷米諾亞文明滅亡只有一個唯一的可能，那就是這些是因爲火山爆發引起的大海嘯所造成的。

而且，他開始挖掘研究聖多里尼群島之一的提拉島。從厚達六十公尺

的火山灰或輕石覆蓋之中，發現了古代都市「阿可洛提里遺跡」。從這些研究結果，史普林頓．瑪里納特斯得到結論，認爲克里特島的瓦解，是因爲在北方約一百二十公里的聖多里尼島火山大爆發的關係。

柏拉圖在「提瑪友斯」中的記載，與米諾亞文明的瓦解，幾乎完全一致，唯一的出入是年代差距太遠。

不過，主張亞特蘭提斯就是聖多里尼群島的學者認爲這不是單純的偶然，而致力探究銜接兩者的斷層地帶。

PART 7.

姆大陸就是亞特蘭提斯？

世界中的巨石遺跡全都可以認為受到姆帝國影響，
同時也可以認為是亞特蘭提斯帝國的產物，
姆大陸與亞特蘭提斯大陸，其實是同一個大陸？

小行星撞擊造成亞特蘭提斯陸沈

亞特蘭提斯在某次自然大災害發生時沉沒於海底，所謂的自然大災害是什麼？學界曾有好幾種說法，最新的說法是小行星衝撞地球的緣故。

傳說中，繁盛一世的消失樂園亞特蘭提斯，究竟有過什麼樣的先進文明？它是否真正存在過？

傳說中的亞特蘭提斯大陸，最早記錄在希臘哲學家柏拉圖的《對話錄》中的篇章「克里提亞斯」中，以理想國的雛型被流傳著。

「克里提亞斯」中的主角克里提亞斯說，這是古代雅典城邦的政治家、立法家索倫從埃及神官那裡聽到的事，關於亞特蘭提斯大陸，他也有詳細的描述。

首先，亞特蘭提斯在比索倫的時代更早九〇〇〇年以前沉入海中。亞特蘭提斯由海神的嫡長子統治，在他之下有十位國王。國王們有互相支援的義務，但在自己的國家則有絕對專制的權利，每位國王也有自己的軍隊，光是將士就有六萬人，戰車一萬台，軍艦一二〇〇艘。

亞特蘭提斯的首都稱爲波賽頓，是個直徑二公里的環狀城市，神殿、王宮的圓形市中心地區部，靠著十公里長的運河通往海洋。

此外，數條同心圓狀的水渠將市中心地區團團圍住，就好像現代都市的環狀汽車道路一樣，船隻就在這當中往來。水渠也連繫著通往海洋的運河，從市中心地區可以快速地往外海去。

首都裡有海神的神殿，王宮以外有庭園、體育館、賽馬場。亞特蘭提斯到處有溫泉和礦泉，貴族用、一般用、男性用、女性用的浴場比比皆是。

遠離首都的田園地區，屬於亞熱帶性氣候，山丘地帶是茂密的森林區。在那裡種滿了農作物和水果，除了較常見的大象以外，還有其他各式各樣

的動物。

住在亞特蘭提斯的人們，男性是勇敢武藝雙全的俊男，女性則是美女如雲，具有優良的文化素質。高挑個子，古銅色的肌膚，有著克魯曼農人的風貌。亞特蘭提斯信仰的對象是海神，祭祀儀式也很發達，擁有優秀的工藝和精良的造船技術。

以上是柏拉圖所說明的傳說中的亞特蘭提斯大陸的概要。

那麼，亞特蘭提斯到底在哪裡呢？

柏拉圖的記述寫著，它位在被稱爲「海力克斯之柱」的直布羅陀海峽西方，是大西洋上的廣大大陸。這個帝國統治著現今埃及和義大利的廣大區域，和古代的雅典城邦之間有過戰爭。

有關亞特蘭提斯的所在，有無數的奇異說法，在這裡舉出學術性可信度較高的說法。

首先，希臘的馬爾丁德斯和美國的考古學家梅華與霍魯認爲，亞特蘭提斯位於地中海。

他們認爲，柏拉圖書中的亞特蘭提斯，是在紀元前一四〇〇年左右，在火山大爆發中沉入海底的聖多里尼島。

聖多里尼島是由五個島嶼構成，其中最大的島提拉島是七十五平方公里的大型火山島。該島火山爆發時，二十公里長的島市中心區整個被掏空，現在只剩下東側半月形的部份。

這次大爆炸引起海嘯，侵襲了克里特島地中海沿岸，造成相當大的災害。提拉島的文化水準很高，住宅都是三層到四層的建築物，考古學家從該島的火山灰燼下所發掘的裝飾品、陶瓷器，都顯示出它是個相當高級的文化。但是，也有人提出反駁，認爲以亞特蘭提斯大陸的規模而言，提拉島未免過小。

接著，是在大西洋的說法。有一派學者主張，亞特蘭提斯就是在大西洋中僅僅突出的葡萄牙領域上的亞速群島。

亞速群島是因爲火山爆發所造成的島群，面積合計二三一四平方公里，有三十五萬居民，氣候溫暖，栽種著香蕉、橘子、玉蜀黍等等。亞速群島

在一四二七年被葡萄牙人發現，因此從那時候開始有人謠傳，這裡是亞特蘭提斯的一部份。

這個謠傳的根據是柏拉圖所寫的地理位置。位在直布羅陀的西側大西洋上的亞特蘭提斯統治著附近的大陸和各個群島，亞速群島的位置頗爲符合柏拉圖的記載。

另外，也有一派學說主張亞特蘭提斯大陸是在百慕達海域。在被稱爲「魔鬼三角洲」的部份海底裡，從一九六八年到七十年代中期，陸續發現了巨大石材所建造的建築物、道路、劇場、牆城……等等。

經過科學測定判斷，這些是大約一萬二千年之前的遺跡。另外，一九六八年在比密尼島附近海域，科學家也發現了被命名爲「比密尼道路」的古代道路遺跡。

在柏拉圖的記載裡，亞特蘭提斯在某次自然大災害發生時沉沒於海底，「克里提亞斯」中有如下的記載。

「當發生大規模的地震和洪水時，僅僅一天一夜的時間，亞特蘭提斯大陸便急速沉沒於海中消失，因此海上有些部份變得太淺，船隻無法在海上航行。」

那麼，所謂的自然大災害是什麼？關於這點，學界曾有好幾種說法，最新的說法是小行星衝撞地球的緣故。

提出這個說法的人是澳洲的學者歐多．穆古。在他的著作《亞特蘭提斯之謎》中提到，紀元前八四九六年六月五日，地球與月亮、金星的排列位置，引起小行星墜落在地球上。

這樣的衝擊相當於十五個氫彈同時爆炸一樣，有極大的衝擊，當時墜落的地方，正是大西洋海嶺的火山地帶的斷層上，所以附近的亞特蘭提斯大陸才會沉沒。

有部份語言學者指出，亞特蘭提斯的居民在大陸沉沒之後，生存下來的人往東邊而去，成爲日本境內的愛奴民族，往西邊去的則是到達中美的瓜地馬拉，因此瓜地馬拉的歐多米族和愛奴民族說著非常相似的語言，這是很耐人尋味的現象。

太平洋的超古代文明──姆大陸

姆大陸的居民擅長建築技術和航海術，擴大了世界各地的殖民地。他們已經存在先進的原子科學，有可能是我們無法想像的奇蹟。

在馬雅文獻中，記載著一個神秘消失的「姆大陸」，充滿著駭世驚俗的文明之謎。科學家經過孜孜不倦地探索，得出一個驚人的推論，那就是大約距今一萬兩千年前，太平洋海域確實存在過一個超高文明的大陸，「姆大陸」極有可能是孕育這一代人類文明的搖籃，它的文明遺跡就遍佈在太平洋諸島上……

一九三一年，一個名叫詹姆斯．察吉瓦德的英國人，根據麥克米爾．

布朗的學說和馬雅傳說，在紐約出版了《消失的姆大陸》。這本書把沈沒的大陸傳說當作偉大假設，在臆測性的論調下展開，在當時的評價不脫離科學幻想小說的領域。

察吉瓦德指出，很久以前，在太平洋上有一個名爲姆（Mu）的大陸。在寬廣的大陸上，東邊是現在的夏威夷群島，西邊是馬里亞那群島，南邊是波那貝、斐濟、東加、庫克……各諸島所匯集，東南端則延伸到達復活島。東西全長八千公里，南北則五千公里，總面積爲太平洋的一半以上。

姆大陸人口約六千四百萬人，由十種民族形成的居民，膚色、髮色、眼睛的顏色雖然不同，但並沒有人種差別待遇，以一個國王一個政府爲中心的國民，信仰的神是創造天地之神。

察吉瓦德的論調深獲一般人接受，在《消失的姆大陸》之後，他又陸續出版《姆的子孫們》、《姆的神聖表象》、《姆的宇宙力量》、《姆的宇宙力量II》，造成轟動。

他筆下的姆大陸到底是怎樣的大陸呢？

他說，這個大陸是被狹小的海峽劃分，只有平緩的丘陵地沒有山脈，有七個大城市，鋪著石塊的道路像蛛網般。每一個城市有石砌的官廳、宮殿，神殿聳立，被稱爲「透明神殿」的無屋頂神殿裡，信徒們在陽光的灑落下向神明奉上祝福。

港口因爲各國駛近的船隻而熱鬧非凡，世界各地的地方名產登陸，城鎮上晝夜不分，充滿喧鬧。

椰子樹點綴著河邊，從熱帶植物的樹根、草葉、樹汁、花、水果都可以攝取到調味料、飲料、食物。肥沃的土地將自然的恩惠豐富的開花結果。

水面上開著國花水蓮，色彩繽紛的蝴蝶在樹蔭間飛舞。蜂鳥在樹林之間飛來飛去，大象成群地在原始的繁密森林中漫步著。

支持察吉瓦德的姆大陸說法有二種資料。一個是「那卡爾碑文」（Naacal），另一個是「馬雅碑文」。

「那卡爾碑文」是察吉瓦德以陸軍軍官身份進駐印度時，在某個古老僧寺中的地下倉庫發現的。據他說，碑文上面寫著：

「宇宙之初是靈魂。既無生命也無聲音，只是一片靜寂。有的只是空虛和黑暗。黑暗之底深遠，至上的靈魂是偉大的力量，只有創造之神七頭蛇在活動著。擁有七個聰明的頭腦的七頭蛇，下了七個命令……」

據察吉瓦德表示，這是全人類的母國「姆帝國」的創世記錄，在這個碑文上所寫的，是由姆帝國的傳道聖徒「那阿魯卡」運到印度的。這碑文上記錄著世界各地的神話、傳說、民間故事、古抄本、古老記錄……等等。

姆大陸的居民擅長建築技術和航海術，擴大了世界各地的殖民地。那阿魯卡傳道團體最初到達緬甸時是七萬年前的事。透過這樣的殖民方式，增加擴大了姆國家的版圖。

姆的全盛時期，以太平洋的姆帝國爲中心，在大西洋有亞特蘭提斯帝國，在戈壁平原（當時是綠肥的平原而非沙漠）有回紇族大帝國，在印度有那卡爾帝國，在亞馬遜（現在的亞馬遜河，當時是美麗的外海）的沿岸的卡拉帝國……等等盛況。

由文明可以看出高度的科技發展，他們已經存在先進的原子科學，操

控著冷磁力。據察吉瓦德推測，這是一種宇宙能量，有可能是我們無法想像的奇蹟。

例如，卡拉帝國有著「無槳無帆而行進的船隻」，那卡爾帝國有「空中飛行機器」……等等。

如此繁榮文明的國家為何消失了？察吉瓦德指出，被列為重要資料的馬雅族古碑文「托羅阿諾古抄本」中有以下記載。

「十一處發生了可怕的地震，沒有要停止的模樣。位於丘陵地的姆帝國遭遇到前所未有的劫難。大地二度往上升高，在黑夜中消失。因為地底的噴火，使整個大地不斷地震盪著，各地上升後往下沉落。大地終於龜裂，一百個國家人民七零八落而散去。六四〇〇萬人民隨著國家沉沒，這個事件發生在書寫此書的八〇六〇年前的事。」

就這樣，姆大陸變得粉碎，陷落而下的洞穴由波濤洶湧的海水灌入，因為地底的熱氣而沸騰。流竄在太平洋姆大陸的地底下的火山瓦斯，像帶狀般地繞行著地球一周，大西洋的亞特蘭提斯大陸也同樣的原因，在海中沉沒。

根據柏拉圖記載，希臘賢人索倫也在紀元前六〇〇年走訪埃及時，聽到了亞特蘭提斯在九千年前滅絕的事跡。

由此可以推測，姆大陸和亞特蘭提斯大陸在公元前一一六〇〇年前早已經陷落。

隨著地殼變動，伴之而來的大洪水，將亞洲大陸從南邊往北邊移動，回紇族帝國繁榮的戈壁平原變成沙漠，喜馬拉雅地方因爲強烈的造山活動而隆起高峰，南美的安地斯也突起。亞馬遜內海漲潮成了大河，沿岸的卡拉帝國的城市也被推擠而上，變成了的喀喀湖，形成蒂亞瓦納科遺跡……

就這樣，人類最初的文明消逝而去。

消失的亞特蘭提斯之謎

從柏拉圖時代到今天，約經過了二千三百年，在這段期間裡，西歐世界不斷尋找亞特蘭提斯大陸的蹤影。

神秘消失的夢幻大陸，如果說東方的霸主是太平洋的姆大陸，那西方的霸主就是大西洋的亞特蘭提斯大陸，這兩個大陸之前經常被相提並論。但相對姆大陸直到二十世紀初才爲人所知，亞特蘭提斯大陸則在古早前就在西方世界流傳了。翻開學術界所熟知的歷史書籍，其記載可以追溯到西元前四世紀。

可以這麼說，消失大陸傳說的始祖，毫無疑問的是亞特蘭提斯大陸。

那麼，有關亞特蘭提斯大陸，到底是誰提起的呢？如果姆大陸是因詹姆斯・察吉瓦德而盛行，那亞特蘭提斯到底是誰賦予它如幻似夢的命運呢？

他就是古代希臘知名哲學家蘇格拉底的嫡傳弟子，倡導「理想國」的西洋哲學賢人柏拉圖，柏拉圖正是亞特蘭提斯傳說的始祖。

當然，眾所皆知，並不是柏拉圖發現亞蘭提斯大陸的遺跡，或發現了記載相關歷史的黏土版。充其量只是，他從別人那裡聽到有關亞特蘭提斯大陸的故事，而將它記載在書中而已。不過，後代的人隱約可以感覺到，柏拉圖本身似乎相當相信有亞特蘭提斯大陸的存在。

在柏拉圖所寫的《對話錄》中的「克里提亞斯」與「提瑪友斯」等部分章節，多次提及亞特蘭提斯。《對話錄》正如其書名，記載了哲學家之間的對話。

克里提亞斯這個人物，就是告訴柏拉圖有關亞特蘭提斯大陸過去曾經存在的人。克里提亞斯與柏拉圖一樣，是蘇格拉底的學生，也是柏拉圖的堂兄弟，可以說是柏拉圖的近親。

克里提亞斯說，很久很久以前，在海力克斯（Herakles）柱的對面有一個大島，名爲亞特蘭提斯，曾經締造出人類難以想像的輝煌文明。亞特蘭提斯雖然名爲島，但卻是非常的巨大，簡直應該說是大陸才對，後來因爲巨大的地震與大海嘯，一夕間沈入了海中。

克里提亞斯在書中不同地方，提出三次關於亞特蘭提斯的傳說，強調這個故事的真實性，想必他自己本身一定深信不疑。

話雖如此，克里提亞斯本人卻沒有直接真的看到亞蘭提斯大陸，而是從曾祖父特洛皮迪斯那裡聽來的，特洛皮迪斯也是從自己的曾祖父那裡聽來的，而他的曾祖父則是從希臘七賢人之一的索倫那裡聽來的。

至於索倫爲什麼知道亞特蘭提斯的傳說呢？他是在埃及古代城市賽斯，從侍奉智慧女神妮特的神官們那裡聽來的。

從賽斯的神官到柏拉圖，中間經過六個人的口耳相傳；從索倫聽到的西元前五九〇年到柏拉圖的時代，計算已經經過將近三百年的時間。索倫從神官們那裡聽到時，亞特蘭提斯大陸已經消失約有九千年了，時間大約西元前十世紀，所以大概計算一下，亞特蘭提斯大陸是約在距今一萬二千年前沈沒的。

從柏拉圖時代到今天，約經過了二千三百年，在這段期間裡，西歐世界不斷尋找亞特蘭提斯大陸的蹤影，但是一直未能解開這個謎題。

所謂海力克斯之柱，在古希臘就是指直布羅陀海峽的兩岸。因爲大西洋是在直布羅陀海峽對面，所以就地中海來看，當然是外洋，因而西方世界一直推測特蘭提斯大陸是浮在大西洋上。

因此，大西洋上的許多小島都曾被研究學者認爲是亞特蘭提斯大陸的殘跡，而進行了多方面調查。儘管一一遭到否決，至今仍有不少人認爲亞特蘭提斯大陸確實曾經出現在大西洋上，想藉此尋求歐洲文明的起源。

但是，在大西洋的海底，並沒有大陸存在的痕跡。如果亞特蘭提斯是沈入海底，應該可以在海底找得到那麼一點遺跡，但卻完全沒有。

科學家曾經在美國佛羅里達半島東方外海的比密尼島近海，發現巨石文明的遺跡。因研究魔鬼百慕達海域而聞名的查爾斯．巴理茲，利用聲納

追蹤調查時，也在海底發現了金字塔。

因爲這個發現，與以沈睡的預言者而聞名的耶都卡．凱西所說的亞特蘭提斯大陸曾經浮在海上的時代一致，所以在世界上引起了一陣熱潮，認爲這就是亞特蘭提斯大陸，掀起一陣廣泛的討論與辯證。

但熱潮僅到此，上述遺跡有相當大的部分經過調查的結果，研判全都是屬於馬雅文明的遺跡，規模也不足以讓人認定是亞特蘭提斯大陸。

葛拉漢姆．汗可古在《上帝的指紋》一書中，提出南極大陸才是亞特蘭提斯大陸，而引起極大的迴響。但是，這只不過是拾人牙慧罷了，這個假設本身，原本是加拿大人夫雷瑪斯夫婦所提出的。

但不管哪一個說法，都尚未獲得實際證據。

另一方面，在學術研究上備受矚目的是地中海的聖多里尼（Santorini）島，有人認爲這才是真正的亞特蘭提斯大陸。

支持這派說法的學者指出，原本所謂的「海力克斯之柱」，並不是指直布羅陀海峽的意思。西元前六世紀，在包括希臘、埃及在內的地中海世界，所謂的海力克斯之柱是指古代希臘的密肯奈（Mykenai，位在希臘的東南部，曾經有過文明）。因此，他們認爲，亞特蘭提斯大陸不在大西洋，而是曾經存在於地中海。

在克里提亞斯所說的古代故事裡，亞特蘭提斯爲了征服全世界，曾經與希臘的雅典城邦發生戰爭。那麼，希臘文明可以追溯到何時呢？

歷史學家指出，大約是西元前十六至十五世紀。

但是，也有人指出，在古代希臘，年代的計算方法，不是以年爲單位，而是以一個月爲計算單位。所以，克里提亞斯聽到的所謂九千年前之事，其實只是九千個月前的大事，約七百五十年前。

西元前五九〇〇年，這派學者引用歷史學家的說詞，強調再往前推七百五十年，簡單計算結果是紀元前一三四〇年。與此時間相互呼應的，在紀元前十五至十四世紀，聖多里尼島發生大爆炸，一夜之間，島上的都市全都毀滅了。

還有，這派學者強調，在《對話錄》裡，「沒有所謂大陸」一詞的說

法也是很重要的線索。當時的世界觀雖然比亞洲（小亞細亞）與非洲（利比亞）加起來要來得大，但實際上並不大，只因爲沒有可以稱之爲大陸的土地。

如果從這些觀點來看亞特蘭提斯大陸，會浮現出非常有趣的歧異。姆大陸與亞特蘭提斯大陸，彼此間到底有什麼關係存在呢？

姆大陸就是亞特蘭提斯？

世界中的巨石遺跡全都可以認為受到姆帝國影響，同時也可以認為是亞特蘭提斯帝國的產物，姆大陸與亞特蘭提斯大陸，其實是同一個大陸？

根據可以確認的最基本資料，姆大陸與亞特蘭提斯大陸滅亡，都是在距今約一萬二千年前，而且都是一夕之間沈入海底。

如果當時整個地球發生了超乎想像的天災地變的話，不管其原因如何，都是可以理解的。事實上，詹姆斯·察吉瓦德就是在這樣的理解下，展開自己的理論。

倘若我們試著重新比較兩者的背景，除了同時期的天變地異之外，會

發現還有許多的共同點。

首先是它的起源。就像詹姆斯．察吉瓦德從印度教高僧那裡獲得有關姆大陸的知識，索倫也一樣從埃及神官那裡得到了亞特蘭提斯的情報，兩人都是從傳統宗教者那裡獲得了古代文明的睿智。

其次是滅亡的原因。姆大陸由於人心荒廢，絕對之神那拉雅那透過帝國的最高統治者兼預言者拉姆，警告說如果再這樣下去，姆帝國將會滅亡，但大多數的人民卻都沒有聽進去。

另一方面，亞特蘭提斯大陸的情形也完全一樣。道德觀念淪喪，很多的人只為滿足自己的慾望而行動，不斷墮落下去。看見這個情形，絕對之神震怒不已，繼而毀滅了他們。

如果從古代人特有的宗教觀來解釋這個共同點，是很簡單的。只要一有天災地變發生，他們一定會從神學的角度說這是上天的懲罰，將原因歸結到自己道德觀的淪喪上。在這層意義上，它們擁有相同的毀滅結構，或許不是什麼不可思議的事。

接下來，讓我們具體比較一下有關姆大陸與亞特蘭提斯大陸的描述。

有關兩者的大小。姆大陸是東西寬八千公里，南北長五千公里，被海峽隔成三個陸地。亞特蘭提斯大陸東西寬五三〇〇公里，南北長三五〇〇公里，也是被三個水路分隔了中央的大陸。

乍看之下雖然大小略有差異，但比較兩個大陸的東西與南北比例，姆大陸是八〇〇〇：五〇〇〇，亞特蘭提斯大陸是五三〇〇：三五〇〇，計算比例則各約一．六與約一．五，數值其實非常接近。

其次是有關都市。相對於姆大陸的首都希拉尼布拉以石塊為主的金、銀、象牙壯麗建築林立，亞特蘭提斯大陸的首都波賽頓也一樣，除了使用石塊之外，還運用金、銀、銅、錫等來建造。還有，兩者除了有切割美麗的石板道路之外，四周也被巨大的運河所環繞。

政治體制也很相似。相對於姆帝國是以帝王拉姆為中心的世界帝國，亞特蘭提斯帝國也是以亞特蘭斯之名傳承子孫的帝王制，而且都是政教合一。

相對姆帝國是由十個部族所組成的和平國家，亞特蘭提斯大陸也是由十個國王所聯合組成的部族國家。

還有在勢力範圍方面也是一致的。姆帝國的軍隊支配殖民遠及非洲、歐洲，而亞特蘭提斯帝國的統治地區也從埃及延伸到義大利，還試圖征服全世界。

而在國民的生活上也是一樣。大家在為數眾多的庭園設施裡休憩、彈奏音樂，在運河划船互訴情話，在游泳池裡享受溫泉與冷泉，散步或遊玩消磨時間，有時則在競技場進行戰車賽作樂。

對巨大動物也有相同的記載。姆帝國除了有詭異的半獸人之外，還有比大象還大的巨大動物，相對的，亞特蘭提斯大帝國也傳說有像大象一般大的動物出沒，而且居民都對這巨大的動物感到恐懼。

最有趣的是，他們對所擁有的金屬的記載。在姆帝國，在神聖場所有著發出不可思議光芒的謎樣金屬，而在亞特蘭提斯帝國也同樣留下名叫「歐里哈爾肯」的傳說中金屬的記載。

除此之外，在姆大陸與亞特蘭提斯大陸的傳說裡，可以找出很多的共同點。就結構上來分析的話，會讓人認爲兩者是同一個故事。

還有，被認爲是姆文明遺跡而被察吉瓦德提出的中南美三大文明遺跡、大洋洲海島傳說，過去也曾被解釋爲亞特蘭提斯大陸。

如果世界中的巨石遺跡和文明奇蹟，全都可以認爲受到姆帝國影響，同時也可以認爲是亞特蘭提斯帝國的產物，那當然會讓人認爲兩者其實極可能是同一個，或是詹姆斯．察吉瓦德的姆大陸，根本就是抄襲神秘消失的亞特蘭提斯。

姆大陸與亞特蘭提斯大陸，其實是同一個大陸？

如果詹姆斯．察吉瓦德《消失的姆大陸》系列書本的解釋是錯誤的話，那不就是指同一個大陸嗎？

雖然這是離奇的假設，但要解讀姆大陸，這卻是非常重要的關鍵，可以說是從充滿傳說色彩中雕琢出真實的利刃。

疑雲重重的姆大陸傳說

詹姆斯．察吉瓦德所提的「那卡爾碑文」並沒有出現在這世上，連照片也沒有。有的只是他所臨摹下來的幾個繪圖文字，外加解讀而已。

閱讀詹姆斯．察吉瓦德所寫的《消失的姆大陸》，除了姆大陸之外，還提到亞特蘭提斯大陸。兩者雖然都建立了超古代文明，但卻被寫成完全不同的兩個大陸。

從詹姆斯．察吉瓦德的假設來看，姆大陸等於亞特蘭提斯大陸的說法，無疑是極爲荒謬的主張。

充滿浪漫的姆大陸傳說，從詹姆斯．察吉瓦德的時代到了經過約一世紀的今天，爲了知道真相，我們不得不投以冷靜的視線。

詹姆斯．察吉瓦德的說詞是事實嗎？在《消失的姆大陸》等四冊著作裡所記載的那些神奇的體驗難道沒有謊言嗎？

爲了驗證姆大陸傳說，怎麼都無法忽視與逃避的是基本文獻「那卡爾碑文」，有關姆大陸所有的一切都從這裡開始。

但是，研究學者一開始卻立刻碰到阻礙。因爲詹姆斯．察吉瓦德所提的「那卡爾碑文」並沒有出現在這世上，連照片也沒有。有的只是詹姆斯．察吉瓦德所臨摹下來的幾個繪圖文字，外加解讀而已，並沒有重要的黏土版文章。

還有，發現「那卡爾碑文」的印度教寺廟，也不知道確實地點在哪裡。詹姆斯．察吉瓦德在所著書中並沒有特別明確寫出它的名稱與所在地點。但因當時發生飢荒，所以曾有學者認爲，只要調查英國派遣駐軍的所在地，應該大致上可以明白。可是，尋遍可能的典籍，並沒有救援部隊被派遣的記錄。

根據詹姆斯．察吉瓦德的說法，救援部隊是在一八六八年組成，儘管英國是個天才輩出的國度，二十歲就獲得博士學位，甚至當上大學教授的天才大有人在，但按照推算，詹姆斯．察吉瓦德當時才十六歲，這樣小的年紀，不禁讓人懷疑他有能力擔任救援部隊長嗎？

又假使可以，他的真實身分也充滿重大的疑惑。因爲研究學者尋遍所有英國軍隊的資料，都沒有找到名叫詹姆斯．察吉瓦德的人物。

這種情況只有三種可能，那就是這個名字是筆名，不然就是詹姆斯．察吉瓦德不是軍人，或者兩者都有可能。

總之，研究學者越是調查他的背景，越覺得他充滿謎團。有關詹姆斯．察吉瓦德，只片面地根據他的自述，知道他是隸屬於英國陸軍的上校，一八六八年曾經屯駐在印度，一八八〇年退役，晚年定居在美國，除此之外，他幾乎是外界完全不了解的謎樣人物。

有人說他不是英國人，是美國人，甚至有人說他根本就不是真實存在的人物，只是出版商創造出來的代號。

總之，詹姆斯．察吉瓦德是個讓人充滿疑惑的人，他提出了一個夢幻文明，卻未對自己提出的學說來源列舉出更有力的佐證。

這也難怪有人會持質疑態度，認爲他有模仿亞特蘭提斯大陸傳說，創造了姆大陸傳說的嫌疑。

前世今生與生命輪迴

揭開生命輪迴轉世神秘面紗

PAST LIVES AND LIFE CYCLE

南懷明〔編著〕

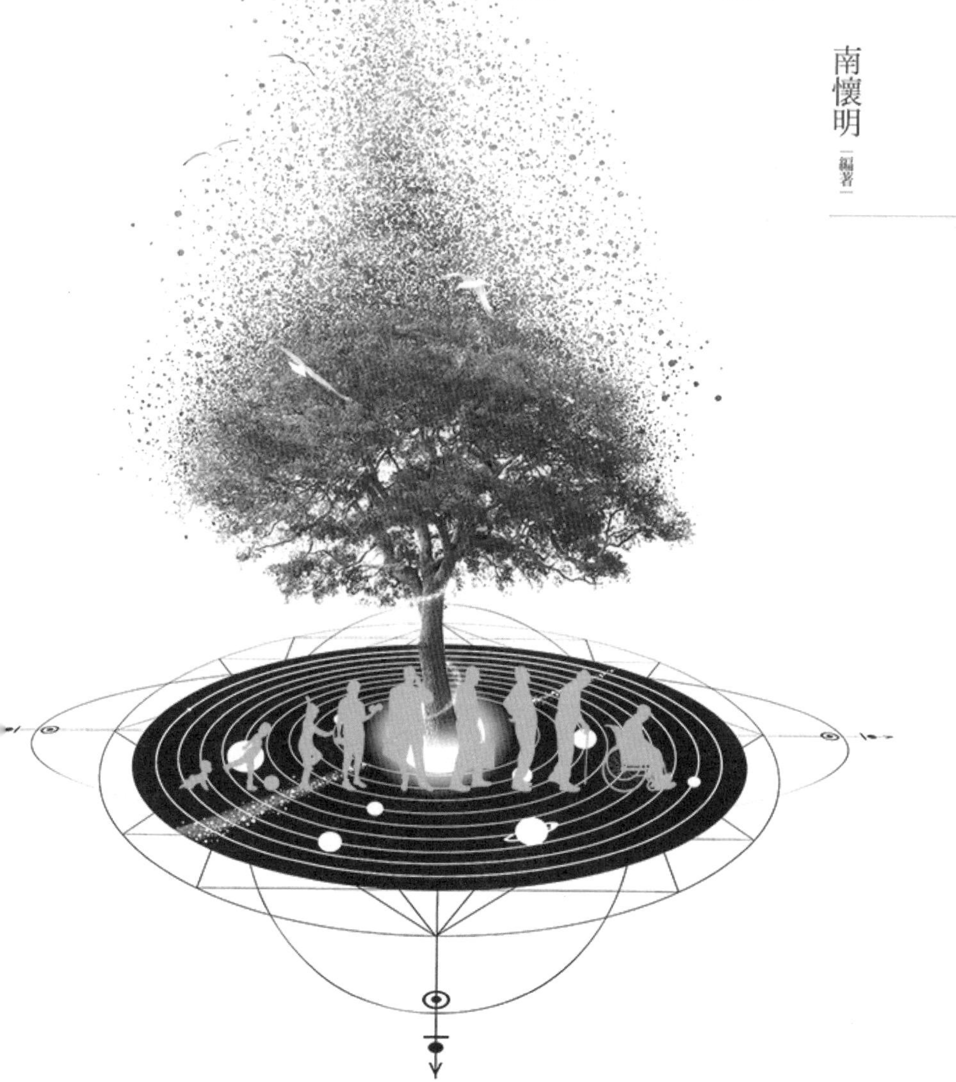

人死之後，靈魂會透過某種生命輪迴系統的運轉而獲得重生，「前世今生」就是前世靈魂重新進入今世肉體的一種神秘現象，其中最著名、最不可思議的便是西藏活佛的輪迴轉世。現代最尖端的心靈科學家則認為，主導生命輪迴的靈魂，是一種會散發特殊訊息的宇宙神秘能量，屬於電磁波一種。從宗教或哲學的角度來說，就是潛藏在我們意識深處的靈性……

liens
Vatch Out !
liens on your side
小心！外星人
就在你身邊
星人造訪地球的傳聞不斷，最直接的證據就是層出不窮的「幽浮報告書」。
上許多費解的超文明遺蹟與歷史疑點，都被解釋為外星人的印痕；地球上許多無法解釋的神秘事件，也被認為出自外星人的手筆。
UFO的外星訪客們，真的從遠古時代就頻頻拜訪地球？不斷曝光的資料似乎說明，外星人降臨地球的行動從未間斷。
有些機密資料更驚爆地指出，某些地球人和外星人關係密切，而且進行一項可怕的陰謀……
東—編著
TOP SECRET

Bermuda
超神秘的百慕達三角
Mysterious Bermuda Triangle
徐向東—編著
讓人恐怖顫慄的魔鬼海域
是飛機的墳場、輪船的墓地，也是死亡的魔窟，從哥倫布時代至今，
已經有數不清的飛機、輪船及無辜生命葬送於此……
讓人恐怖戰慄的「百慕達魔鬼海域」，究竟是如何形成的？
又暗藏著多少人類無法理解的秘密？

探索家

02

神秘消失的夢幻帝國：亞特蘭提斯

作　　者　徐向東
社　　長　陳維都
藝術總監　黃聖文
編輯總監　王郡凌
出 版 者　普天出版家族有限公司
　　　　　新北市汐止區忠二街 6 巷 15 號
　　　　　TEL / (02) 26435033 (代表號)
　　　　　FAX / (02) 26486465
　　　　　E-mail：asia.books@msa.hinet.net
　　　　　http://www.popu.com.tw/
　　　　　郵政劃撥 19091443 陳維都帳戶
總 經 銷　旭昇圖書有限公司
　　　　　新北市中和區中山路二段 352 號 2F
　　　　　TEL / (02) 22451480 (代表號)
　　　　　FAX / (02) 22451479
　　　　　E-mail：s1686688@ms31.hinet.net
法律顧問　西華律師事務所・黃憲男律師
電腦排版　巨新電腦排版有限公司
印製裝訂　久裕印刷事業有限公司
出 版 日　2022 (民 111) 年 5 月第 1 版
ISBN◉978-986-389-819-1　　條碼 9789863898191

國家圖書館出版品預行編目資料

神秘消失的夢幻帝國：亞特蘭提斯 /
徐向東著.—第 1 版.—：新北市,普天出版
民 111.5 面；公分. - (探索家；02)
ISBN◉978-986-389-819-1 (平裝)

普天之下・盡是好書

普天出版家族
Popular Press Family

凌雲 A-Plus Creative Company 文創